JN161516

みんなの疑問から
学ぶ日本国憲法

憲《けん》法《ぽう》って、どこにあるの？

法学者
全日本おばちゃん党代表代行
谷口真由美

集英社

憲法って、
どこにあるの？

はじめに

憲法って、どこにあるの？

「ねぇ、憲法ってどこにあるの？」

「え？　どこにあるって？」

「やっぱりアレ？　国会の金庫の中にあるの？」

「原文？　原文は国立公文書館に保存されてるよ」

「んー、っていうか、どこに行ったら見られるの？」

「え？　インターネットできるなら、『憲法』って検索したら出てくるよ」

「んー、インターネットで調べたら、どれ読んでいいかわからないの。本屋さんに行ってみたけど、『憲法』って書いてあるコーナー

にある本は、みんな分厚くて難しいことしか書いてなくてちんぷんかんぷん」

「んんん？　もしかして、憲法○○条っていうのが全部スッと見ることができるのはどこかってこと？」

「そう」

「あー、それはね、本屋さんでも図書館でも、『六法』という本に書いてあるよ」

「六法ってアレ？　『六法全書』？　でも六法ってナニ？」

これはある日、某所で大真面目に交わされた、私とある女性との会話の一コマです。法律を少し勉強したことのある人にとっては、「憲法って、どこにあるの？」という質問が、条文はどこで読めるの？　という意味だとは思われないでしょう。

また、法学とご縁のなかった人にとっては、これは当然の疑問なのかもしれません。よく考えてみたら、大学で法学を教えるときには、教科書と、いろいろな出版社が出している『六法』を買うように指定していますもの。だから当然のように、教えるほうも、教えられるほうも、法律の条文を見たければ『六法』という本をめくるということが前提になっているのですね。いつの間にか、「当たり前」として、私自身がしてきたことに対して、ガツンとやられた気分でした。

ところで、第二次世界大戦後に教育を受けた皆さんは、義務教育の間に一度は「憲法」を習ったことはありませんか？　私はいわゆる団塊ジュニアの世代ですが、中学生のときに前文を暗唱させられました。同世代の友人たちに聞いても、社会では日本国憲法前文、国語では『平家物語』が暗唱の定番だったようです。

そうやって習ったにもかかわらず、皆さんはどれくらい憲法についてご存じでしょうか？　私が講演するときに来てくださる皆さんに質問するネタですが、読者の皆さんもお答えください。

「憲法は何条までありますか？」

日本国における最高規範、その上中学校まででで必ずといってよいほど習っている憲法について、これくらいはご存じですよね？

こんなこと聞くなんて、バカにしているんじゃないか！　とご立腹の方、あなたはかなりの少数派です。講演で質問しても、ほとんどの方がご存じではありません。

自信たっぷりに「9条！」と答える方も珍しくありません。聖徳太子の時代でも17条あったものが、「時代が複雑になってきているのに何で9条までやねん！」と思わずツッコミを入れますが、大真面目にそう思っている方も少なくない感じがします。ちなみに聖徳太子の十七条憲法は行政内部の規範なので、現代的な意味での憲法とはいえませんから、誤解しないでくださいね。

さて、答えは103条です。そして実質的な条文は99条までです。100～103条までは補則といって、施行期日などが書いてあります。だいたい100条くらいと答えられた方は、及第点です。

「アイドルグループなんかで推しメンっていますが、推し条文ってどれですか？」

これも、多くの方が「９条！」っておっしゃいます。

あまりにも多くの方がおっしゃるので、一つの疑問が湧いてきました。「他に知らんのちゃうか？」と。

よくよく聞いてみると、まさに９条が大好きだとおっしゃる方も多くおられますが、実は９条くらいしかちゃんと知らないということが判明してきました。

とりわけ、昨今話題になっている90条以降の条文なんて、読んだことも見たこともないと。百人一首ではどれが好きですか？　戦国武将では誰が好きですか？　お米の銘柄はどれが好きですか？　と同じ程度の質問だと思います。

それも私たちが暮らしている日本という国の、一番根本になる法である憲法のことなので、９条以外にも知っておいてほしいですね。

「憲法を尊重して守る義務があるのは誰ですか？」

そんな野暮なこと聞くなんて、バカにするのもたいがいにしとけよ、と思われる方もいらっしゃるかもしれません。ほとんどの方が読んだことも見たこともない、実質的な意味で最後の条文である99条にはこう書いてあります。

「天皇又は摂政及び国務大臣、国会議員、裁判官その他の公務員は、この憲法を尊重し擁護する義務を負う」と。

あれ？　いままさか、「国民」とか「すべての人」とかと答えませんでしたよね？　ちゃんと条文を読んだら、そんなこと一言も書いてませんもんね。でもね、多くの方が「私たち国民」ってお答えになるんですよ。ときどき、高校までの先生にも講演することがありますが、みるみる顔面蒼白になる方が出てくるんですよ。たぶん、間違えて教えてらしたんでしょうね。大学で憲法を教えるときに同じ質問をしても、多くの学生が「私たち国民」って答えるのですから、どこかで誰かが間違えて教えたとしか思えないわけです。

「いまの憲法は、改正したほうがいいですか？改正しないほうがいいですか？」

これはいろいろな答えがあります。人によって答えが違って当然です。

それでも、ちょっと待ってください。この前に聞いた3つの質問にすらちゃんと答えられなかった人たちが、なぜ改正したほうがいいか、改正しないほうがいいかの議論ができるのでしょうか？　ものすごく基礎的な知識が欠落しているのに、どこがよくてどこを変えねばならないのか、本当にわかるのでしょうか？

せめて一度はちゃんと全部読んで、それから議論しませんか？　たったの103条しかないのですから、それくらいの労力を使ってから議論しましょうよ。憲法に失礼ですし、愛がなさすぎます。なんとなく変えたほうがいい、なんとなく変えないほうがいい、なんてスタンスは大人として恥ずかしいことだ、というくらいに思っていただけるとうれしいです。

だって、よく知らない相手と、付き合うのか別れるのかなんて話さないでしょう？　よく知らない相手のことを、誰かに聞かされた先入観で語るのもカッコ悪いことですよね。改憲・護憲の前にまず「知憲」というのが、私の立ち位置です。

本書は、私が講演や講義などいろいろな機会に、出席されたさまざまな世代、職業の方々からいただいた疑問や質問にお答えする形で、日本国憲法にもっと興味を持ってもらったり、深く知り、考えるきっかけとなればいいな、という気持ちから作った書籍になります。

憲法は私たちの暮らしの中に、しっかりと息づいています。「憲法って、どこにあるの？」って聞かれたら、「私たちの普段の生活」にある、とお答えしましょう。まずはそこに気づいていただければ、これほどうれしいことはありません。

目次

第3章 男と女と憲法

第1章 憲法って何？

みんなの疑問

いまの憲法って、いつ、誰が作ったの？

（女子　中学生）

憲法の成り立ち

1945年、日本は太平洋戦争で敗戦国になりました。翌年、主権在民・平和主義・基本的人権の尊重を基本原理とする日本国憲法が公布。この憲法成立を巡っては、「戦勝国であるアメリカに押しつけられたものだ。だから日本人の手で自分たちにふさわしい憲法を」と主張する人たちがいます。では、いったい誰が、どのような経緯で、日本国憲法を作ったのでしょうか？

ポツダム宣言から日本国憲法成立までの流れを追っていくとわかります

第二次世界大戦、敗戦までの空白の20日間

日本国憲法は、１９４５年の日本の第二次世界大戦（太平洋戦争）の敗戦を受けて作られました。その経緯を時系列で説明しましょう。

１９４５年3月には、東京でも大阪でも大空襲があり、6月には沖縄に連合国軍が上陸し「ひめゆりの塔」などで知られる悲劇があり、7月26日には、米・英・中の三国が、日本に向けてポツダム宣言（「日本国の降伏条件を定めたる宣言」）を発表しました。

これは、和平条件を示して、日本にすみやかな降伏を勧告し、拒否したら「迅速かつ完全なる壊滅あるのみである」との警告が含まれた内容でした。

しかし、日本政府はこれを黙殺し、8月15日まで20日間、ポツダム宣言を受け入れ

ませんでした。

ちょうどその頃、政府の中枢にいた多くの人たちは日本が勝つことは難しいと考えて、7月13日にモスクワにいた佐藤大使に、中立条約を結んでいたソ連に和平交渉を依頼するように電報を出していました。

しかし、残念なことに、すでにソ連は2月に行われたヤルタ会談で、米・英に参戦を約束していたため、和平交渉を断ったのです。

日本側がポツダム宣言を20日にわたり受け入れなかった最大の理由は、「国体の護持」、つまり天皇主権の護持にあったといえます。ポツダム宣言には、日本の将来の政治の原則として、「天皇制の廃止」と民主主義や責任政治を要求し「日本国国民の自由に表明せる意思」に従って政府が樹立されることが求められていました。ここがキモだったわけです。

この20日の間に、8月6日、広島に原爆が投下され、8月8日、ソ連が日本に対して正式に宣戦布告をして旧満州に侵攻、8月9日には長崎に原爆が投下されました。

こうして日本の降伏はやむを得ない状況になり、8月10日、連合国側にポツダム宣言を受け入れる決定をしたことが伝えられました。ただ、8月14日の御前会議では、

「敵は国体を認めると思う」という天皇の発言が残っており、８月15日に発表された天皇の詔勅（いわゆる玉音放送で流れた内容）には、「朕はついに国体を護持し得て」という言葉が入っていることなどから、政府の中枢は、天皇主権は護持できる、と考えていたようです。

歴史に「もし」はありませんが、もし日本政府がポツダム宣言をすぐに受け入れていたら……？　と、考えてしまいますよね。

戦争を放棄する憲法へ

降伏した日本政府に対し、連合国軍最高司令官総司令部（ＧＨＱ）の最高司令官マッカーサーは、10月４日と11日の二回にわたって、大日本帝国憲法を根本的に改正するように伝えました。ポツダム宣言を受け入れた以上は、当然のことといえます。

ところが、日本政府が作成したいくつかの案は、大日本帝国憲法の基本原則は改正しない、つまり天皇主権の原則が維持されたものとなっていました。それは先述のように、政府の中枢では「国体を護持」できると考えていた節があるからです。

翌年1946年2月1日に、毎日新聞がそのことをスクープとして大々的に報じたのですが、焦ったのはGHQ側でした。

この頃、連合国で作っていた極東委員会からは、アメリカ中心のGHQに対して、日本に強硬に対処しろ、天皇は戦争犯罪者として処罰しろという声が大きくなっており、天皇制を維持したほうが占領政策がうまくいく、と考えていたマッカーサーもさすがにマズいと考えたようです。

そこで2月3日に、象徴天皇制、戦争放棄、封建制度廃止を入れた「マッカーサー三原則」を発表し、新憲法草案作成をGHQ内で極秘に進めだしたのです。

それが「総司令部案」として日本側に手渡されたのが2月13日のことです。この内容を日本側は、「革命的要求」だと衝撃的に受け止め、GHQ側に再考を求めたようですが、それでもポツダム宣言で連合軍からどんなことを要求されていたかを考えたら、わかりそうなものですけれどね。

人間が人間らしく生きていくための権利を守る憲法の誕生

このＧＨＱ草案をもとに、日本政府は2月26日から3月11日をめどに憲法草案を作成しましたが、ＧＨＱから数回の督促を受けたので3月2日にまとめあげました。

しかし、この案には、総司令部案にあった、「人民の主権」、「平和主義」等を「人民」の名において宣言した「前文」を削除したり、「人民」に主権があって、天皇主権が拒否されていることをできるだけあいまいにしたりして、帝国憲法のほうへ向かっていることが見えました。

この3月2日案は、3月4日にＧＨＱ側に提出されましたが、ＧＨＱ側はその場で共同研究会を設けて「最終案」を作成することを提案したのです。

この流れで、3月4日からＧＨＱ側と日本側とで不眠不休の折衝が行われ、3月6日に折衝の結果として「憲法改正草案要綱」が公表されました。マッカーサーは、これを受け入れると全面的に支持する声明を発表し、帝国議会での議論に移りました。

帝国議会での議論では、草案に入っていなかった社会権（憲法25条）が加わっています。社会権は、人間が人間らしく生きていくための権利で、社会主義の考え方から出てきているものです。当時はすでに、東西冷戦というアメリカなどの資本主義国とソ連中心の社会主義国の戦いがはじまっていたので、アメリカが社会主義的な権利を出してくるわけはありませんね。

日本国憲法はアメリカ（GHQ）の押しつけ憲法だという議論がありますが、そもそもポツダム宣言をきっちりと理解した上で、民主的で自主的な憲法を策定する機会と時間は日本側に与えられていたわけです。

そして、もう70年になろうかというこの憲法の成立時にさかのぼって、「押しつけ」であったかどうかを議論することにどんな意味があるというのでしょうか。

それはまるで、70年前にいやいやお見合いさせられた夫婦が、紆余曲折もありつつなんとかやってきたのに、いまさら「あのときお見合いを押しつけられたから、自分たちの意思はなかったんだ。あれはおかしい。いまからやり直す必要があるんだ！」なんて言ってるようなものですよね。そこにさかのぼっても、何も得るものはないのではないでしょうか。

●関連する条文

〔前文〕

日本国民は、正当に選挙された国会における代表者を通じて行動し、われらとわれらの子孫のために、諸国民との協和による成果と、わが国全土にわたつて自由のもたらす恵沢を確保し、政府の行為によつて再び戦争の惨禍が起ることのないやうにすることを決意し、ここに主権が国民に存することを宣言し、この憲法を確定する。そもそも国政は、国民の厳粛な信託によるものであつて、その権威は国民に由来し、その権力は国民の代表者がこれを行使し、その福利は国民がこれを享受する。これは人類普遍の原理であり、この憲法は、かかる原理に基くものである。われらは、これに反する一切の憲法、法令及び詔勅を排除する。

日本国民は、恒久の平和を念願し、人間相互の関係を支配する崇高な理想を深く自覚するのであつて、平和を愛する諸国民の公正と信義に信頼して、われらの安全と生存を保持しようと決意した。われらは、平和を維持し、専制と隷従、圧迫と偏狭を地上から永遠に除去しようと努めてゐる国際社会において、名誉ある地位を占めたいと思ふ。われらは、全世界の国民が、ひとしく恐怖と欠乏から免かれ、平和のうちに生存する権利を有することを確認する。

われらは、いづれの国家も、自国のことのみに専念して他国を無視してはならないのであつて、政治道徳の法則は、普遍的なものであり、この法則に従ふことは、自国の主権を維持し、他国と対等関係に立たうとする各国の責務であると信ずる。

日本国民は、国家の名誉にかけ、全力をあげてこの崇高な理想と目的を達成することを誓ふ。

〈生存権、国の社会福祉及び社会保障等の向上及び増進の努力義務〉

第25条　すべて国民は、健康で文化的な最低限度の生活を営む権利を有する。

〈憲法の最高法規性、条約及び国際法規の遵守〉

第98条　この憲法は、国の最高法規であつて、その条規に反する法律、命令、詔勅及び国務に関するその他の行為の全部又は一部は、その効力を有しない。

〈憲法尊重擁護の義務〉

第99条　天皇又は摂政及び国務大臣、国会議員、裁判官その他の公務員は、この憲法を尊重し擁護する義務を負ふ。

真由美のひとこと

「日本国憲法」はＧＨＱに手助けしてもらってようやくできた日本製。「押し付け論」なんて、70年も前のお見合いは正しかったどうかを論じるような後ろ向きな話の必要はなし！

みんなの疑問

憲法とか法律で使われている言葉はどうしてあんなに難しいの？

（20代女性　会社員）

憲法・法律条文の難解さ

憲法も法律も、日常生活ではまず目にすることはなく、学校の授業や資格試験などで必要に迫られて、初めて読むものかもしれません。新聞や雑誌とは違って、堅苦しく古めかしい言葉で書かれているので読むのは面倒だし、サッと読んだだけでは何を言っているのか理解できない——。少しでも法律に接したことがある人なら、誰もが抱く感想ですね。

でも、憲法や法律の用語が難解なのには、深い理由があるのです。

法律が日本に根付いた歴史をたどってみましょう

明治時代の言葉のままの法律文書

間違いなく、法律で使われる言葉は難しいですね。

憲法はまだ、できてから約70年程ですから、読んでもなんとなくはわかるかもしれませんが、民法や商法、刑法などは明治時代にできたものがいまでも使われています。ただ、これでも、例えば民法は２００４年から２００５年にかけて口語化が行われ、とても読みやすく簡単になりました。それまでは、漢字とカタカナの文章でしたから、漢文を読んでいるみたいな感じでした。言葉もいまでは使わないようなものが多く、入場料のことを木戸銭なんて書いてありました。

私が学生だった頃は、まずこの漢字カナ交じり文を読めるようにならないといけませんでした。刑法も１９９５年に、商法も２００５年から口語体を採用していますので、まだ以前よりはわかりやすくなっています。それでも、法律独特の言い回しが多くて、わかりにくいですね。

難しい理由の一つは、もともと日本にはなかった法を、明治時代に輸入してきた背景があります。ドイツ語やフランス語を翻訳したところからはじまっているので、難しくなりますよね。その翻訳語も、明治当時の言葉なので古典を読んでいるような感じになるわけです。その上に、法にはさまざまな手続きがあり、その仕組みがわからないと理解できないところがあります。

例えば、「公布」という言葉は、成立した法を国民に周知させる目的で公示することをいい、まず「官報」というものに載せられます。日本国憲法では、法律の公布は天皇の国事行為（憲法7条1項）となっています。言ってみれば「法ができたお知らせ」です。法律は「公布」されても、それだけでは法規範として効力が出るわけではなく、「施行」されることによって、その規定の効力が現実的になり、作用することになります。「公布の日から施行する」ものや、「公布の日から起算して○月（日、年）を経過した日から施行するもの」など、その法律の附則で定められたパターンがあります。めんどくさい感じがしますが、「施行」は「法を実際にはじめること」なのです。

この公布と施行の言葉の意味がわからないと、法律がいつ成立し、効力がいつ発生したのかわからないことになります。

文字は読めても、法律は読めない日本人

日本は、ほとんどの人が文字を読める識字率の高い国とされています。それでは、法識字、つまり法律の存在を知り、その意味するところを理解し、活用することができる能力のある人はどれくらいいるでしょうか？

日本は「法治国家」、つまり法によって治められている国ですから、法を知らない、理解できないということは、知らない間に自分の権利が制限されていたり、国が勝手な法律を作っていたりしても気がつかないということになりかねません。

もっと簡単にわかるようにして！　という声は、なかなか法律を作る人たちには伝わっていないようです。法律を作る人というのは、国の唯一の立法機関である「国会」（憲法41条）で働く「国会議員」ですから、まずは国会議員がその任期中に成立した法について、理解しているのかどうか試験したいくらいです。細部までわかって賛成と

か反対とかしてるんだろうか、ってね。でも、もしかすると、私たちにわからないようにするために難しいままにしているのかもしれませんよね。

法律を作るにも、二つの方法があります。一つは、内閣が出してくる「政府立法」というもので、内閣は三権分立でいえば〝行政のトップ〟（憲法65条）ですから、原案は官僚が作成し、内閣の法律の番人である内閣法制局が確認し、国会に提出されるものです。

もう一つは、国会議員が法案を作成して国会に提出する「議員立法」がありますが、「政府立法」より数は少ないのです。

難しくてわからないといっても、実際に何かのトラブルがあったときには、法律を使って裁判所に中立てをする必要に迫られるかもしれません。法律関係のトラブルがあったときにお世話になる弁護士の仕事には、難しい言葉を簡単にしてくれる翻訳者、という側面もあります。

ただ、やはり自分のことを守るために、知っていたら得をするけど知らなかったら損をするのが法律というものだと思います。ですからこの本で勉強してくださいね！

●関連する条文

〈天皇の国事行為〉

第７条　天皇は、内閣の助言と承認により、国民のために、左の国事に関する行為を行ふ。

一　憲法改正、法律、政令及び条約を公布すること。

〈国会の地位・立法権〉

第41条　国会は、国権の最高機関であって、国の唯一の立法機関である。

真由美のひとこと

明治時代に翻訳された言葉やから、古典みたいなモンで難しいんですわ。

みんなの疑問

憲法って、変えてもいいんですか？

（20代男性　会社員）

憲法改正

憲法は国の基本を決める大切なものだと、学校では習います。すべての法律も、憲法をもとにつくられているといいます。そんな大切な憲法を、簡単に変えてはいけないはず。しかし実は、世界には憲法を変えている国がたくさんあります。どんな例があるのか、ご紹介しましょう。どのような場合に憲法改正は許されるのか、また、改正にはどのような手続きが必要になるのでしょうか。

改正できますが、そのためには高いハードルがあります

憲法だって変更可能！　でも……

結論から言ってしまうと、もちろん変えていいですし、変えることもできます。

変えるためにはどうしたらいいのかは、憲法96条1項に「この憲法の改正は、各議院の総議員の三分の二以上の賛成で、国会が、これを発議し、国民に提案してその承認を経なければならない。この承認には、特別の国民投票又は国会の定める選挙の際行われる投票において、その過半数の賛成を必要とする」と書いてあります。

通常の法律なら、日本で唯一の立法機関である国会で「出席議員」の過半数を得ることができれば成立したり、廃止したりすることができますが、それよりも相当に厳格な条件でなければ憲法は改正できないことになっています。このような憲法を「硬性憲法」といいます。通常の法律と同じような条件で憲法改正することができる国も

あり、そのような憲法を「軟性憲法」と呼びます。

２０１４年には、この硬性憲法がよくないのだ、だから日本では憲法改正がなされたことがないのだという議論が一部で出てきて、「各議院の総議員の二分の一以上の賛成で……」というように過半数、つまり現在の与党であれば改正できるようにしようという動きがありましたが、多くの学者や政治家が反対し、見送られました。

もしその改正が国民の多くが必要としていることだったら、当然ながら国民の代表者である国会議員の多くもそれに賛成するはず。あえて、「三分の二以上の賛成」を「過半数」に引き下げる必要なんかありませんよね。

なお、憲法の最高法規性や安定性から考えて、多くの国で硬性憲法となっています。

国民投票法の成立

最終的に憲法を変えることを認める「特別の国民投票」のためにできた法律が「国民投票法」といわれるもので、２００７年に成立しました。

実をいうと、それまでは憲法を改正しようとしても、国民投票をする法律がなかったので、事実上はすることができない状態にあったのです。

国民投票法には、投票権がある人は18歳以上の日本国民（３条）と定められています。今年、２０１６年夏の国政選挙から、選挙権は20歳から18歳に引き下げられましたが、２００７年にはすでに18歳が国民投票の権利を得ていたのですね。この国民投票が成立するための条件については、議論がありました。

憲法改正という大変重要な問題に関する選挙が、あまりにも低い投票率だったら、その選挙は国民の意思を正しく反映しているといえるでしょうか。昨今の選挙の投票率や、また住民投票における投票率を見ていても低い例が相次いでいますね。そんな中で、ほとんどの人が無関心で投票に行かなかった場合、例えば全有権者の25％しか投票に行かず、そのうちの51％が憲法改正に賛成したとして、それは民意が反映しているといえるでしょうか？

結論としては、投票率による成立要件は設けられませんでした。単純に投票総数の過半数の賛成によって国民の承認があったものとする（１２６条１項）となりました。

つまり、無関心でいると、関心のある少数派によって憲法改正がなされてしまうかもしれません。いまの選挙の投票率を一度調べてみてもらうとわかりますが、そのような現実になるかもしれないですね。どちらに投票するにしても、自分の意見を投じることができる人は、きちんと考えて一票を投じる必要と責任があります。

憲法改正の限界

最後に、どんな改正も可能か、改正には限界があるのかということについて考えてみましょう。学者の中でも意見は分かれていますが、限界があるという説と、限界はないという説があります。

支持が多いのは限界があるという説で、憲法に予定された改正手続きがあるからといって、手を触れてはならない事項があるというものです。

憲法改正ができても、改正できない事項があるということを、憲法自体に書いている国もあります。例えば、何度も改正がされていると多くの方が知っているドイツの現行憲法は、連邦制の限界、そしていくつかの基本権の条項は変えることができません。フランスの現行憲法も、「共和政体」を改正対象とすることを禁じています。

憲法改正に限界はないという説に立てば、このドイツやフランスの規定も、改正手続きを2回やればどんな内容も改正できるようになります。1回目に禁止する条項を削除できる改正をすれば、どんな条項でも改正の対象になりますね。2回目の改正では、禁止されていた条項も変えられるようになっているわけです。

日本国憲法でいえば基本原理、例えば国民主権、基本的人権の尊重、平和主義については改正は認められないというのが、限界があるという説に立つ主張で、私もこの立場です。

現在の憲法の基本的性格の改変は、憲法自体の破壊につながりかねないからです。とりわけ、日本国憲法は9条1項で「……国権の発動たる戦争と、武力による威嚇又は武力の行使は、国際紛争を解決する手段としては、永久にこれを放棄する」、11条で「……この憲法が国民に保障する基本的人権は、侵すことのできない永久の権利として、現在及び将来の国民に与えられる」とあり、この「永久」の意味を皆さんも考えてみてください。

●関連する条文

〔憲法改正の手続、その公布〕

第96条　この憲法の改正は、各議院の総議員の三分の二以上の賛成で、国会が、これを発議し、国民に提案してその承認を経なければならない。この承認には、特別の国民投票又は国会の定める選挙の際行はれる投票において、その過半数の賛成を必要とする。

真由美のひとこと

変えることはできるけど、ちゃんと手順を踏まんとアカンで！

みんなの疑問

権力はなぜ分けないといけないの?

（30代女性　アルバイト）

権力分立

教科書にも載っている「三権分立」。国の持つ３つの権力である司法と行政と立法は、それぞれが独立して設置されています。なぜそんな形になっているのでしょうか。そして私たちの生活にどうかかわっているのでしょうか。

権力が集中した場合の問題点から考えてみましょう

お米の値段だって法律で決められている!?

もしかすると、皆さんは政治というのは政治家の問題であって、自分たちの暮らしには関係ないと思っていませんか？　しかし、現代において私たちの生活の中で起こる問題は、政治に直結する問題がほとんどだといっても過言ではありません。そもそも、政治家は私たちが選挙によって代表者として選んでいる人たちです。

例えば、皆さんが食べている主食のお米や麦については、食糧法などにより、その生産から消費まで、政府に大きな権限と責任が与えられています。お米の価格がある程度同じなのも、政府の管理がなされているからです。

このように政治は、私たちの暮らしと密接に関わっているのです。

独裁を防ぐための三権分立

政治によって、人間らしい生活がすべて保障されているわけではありません。また、政治がいつも市民の幸福のために行われてきたとはいえないことも、歴史が証明しています。政治を行うものが、時にその権力を用いて、市民の権利と自由を弾圧し、自分や一部関係者の利益だけを追い求めたり、侵略戦争に駆り立てて自国の市民のみならず、他国の市民をも苦しみのどん底に陥れたこともありました。このような人類の経験から、権力は濫用されないようにしっかりと工夫をしておかないと、かならず濫用されるといえます。

そもそも、近代の憲法で最も重要とされるものは何だと思いますか? それは、人権の保障です。そのために、国の政治の在り方も、人権の保障という点から工夫されてきました。

日本国憲法の三大原理は、「平和主義」、「基本的人権の尊重」、「国民主権」ですね。国民主権とは、国の政治の在り方を最終的に決定する力（主権）が国民の手にある、という考え方ですが、いくらその力があったとしても、国家が実際に権力を使うことになれば、国家と国民の間には、権力を行使する国家と、権力を行使される国民という関係ができます。

一般的に、対立しているもの同士で、その力関係に大きな差が存在するとき、権力を持つ側が往々にしてそれを濫用する恐れが生じます。そうであるならば、本当の意味での自由を確保して、基本的人権を尊重しようとすれば、国家という権力の暴走を止めるための仕組みが必要になります。

そのためにまずは、権力を持つ者の力を制限し、その行動を法に従ったものにすることが求められますね。これを「法の支配」と呼ぶわけです。

それでも、国家権力側が暴走するかもしれないということを食い止めるためには、法の支配だけでは十分ではありません。最大の問題は、権力の側が従うべき法を制定するのも、権力の行使が実際に法に従ったものであるのかどうか判断するのも、権力の側にあるという点なのです。

そうすると、国家権力を分割し、それぞれ別の機関が責任をもって担うことを割り当てるという、権力分立の制度が必要になります。一か所に集中すると、すべてが掌握できてしまいますからね。

すでに1798年のフランスの人権宣言では「権利の保障が確保されず、権力の分立が定められていないすべての社会は、憲法を持つものではない」と定められていて、基本的人権の尊重とともに、近代憲法の必須条件となっています。

政治の在り方は、権力の統制にかかわっているともいえます。

権力者から自分たちの生活を守るための闘いの一つの成果が立憲主義です。これは、憲法が明らかに認めている方法でしか、権力者は政治を行うことができないことであり、「憲法による政治」ともいわれます。

日本国憲法では、99条に「憲法尊重擁護の義務」がありますが、ここでは国家機関とその機関を構成する公務員（＝権力者）が、最高法規である憲法を尊重し擁護する義務を負うと定めています（「はじめに」参照）。

また、権力が集中しないように、日本国憲法は権力を３つに分立させた統治機構を持っています。主権を有する国民に信託された国政（前文第一段）の３種類の機能に、それぞれを担当する別個の機関があるとされています。すなわち司法＝裁判所、行政

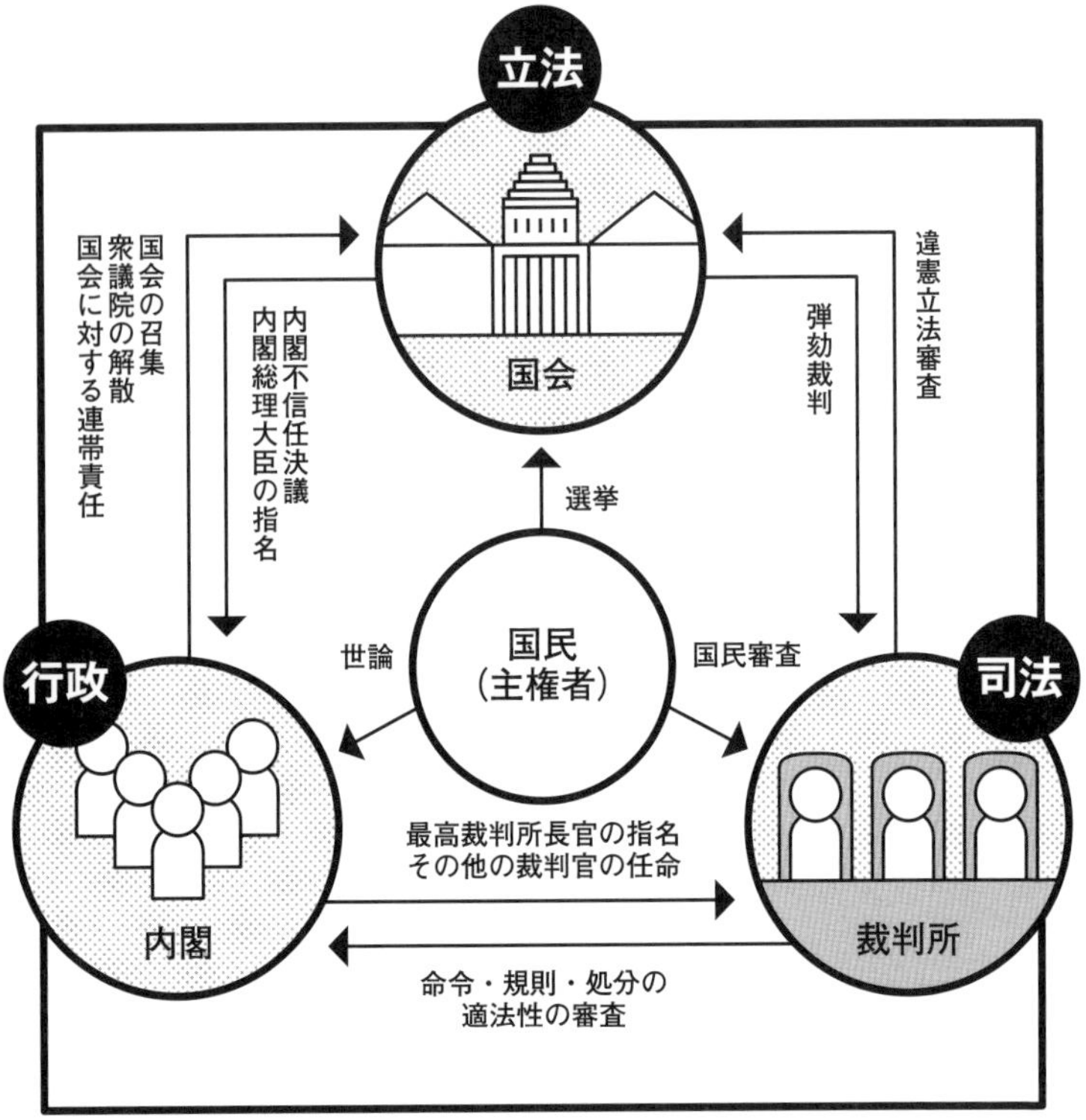

〔立法・行政・司法の権力分立〕

（出典：衆議院ウェブサイトより）

＝内閣、立法＝国会ということです。

国会と内閣の関係は、アメリカ型の大統領制（首長制）ではなく、イギリス型の議院内閣制を採用し（66条3項、67条、68条、69条等）、立法と行政の関係については、国会を国権の最高機関で唯一の立法機関（41条）とし、司法権は最高裁判所とその下の裁判所に属し（76条1項）、立法と司法を除いた残りのすべての国家が行う活動は行政権を持つ内閣が担う（65条）となっています。

これはまた、それぞれの機関が相互に抑制と均衡（チェック＆バランス）を重視しています。このように、日本国憲法は、単に国家権力を分割するだけにとどまらず、分割された権力がそれぞれ暴走を食い止める仕組みを採用しています。そしてその中心は、前ページの図からもわかるように、主権者たる国民なのです。

●関連する条文

〈国会の地位・立法権〉
第41条　国会は、国権の最高機関であつて、国の唯一の立法機関である。

〈行政権と内閣〉

第65条　行政権は、内閣に属する。

〈司法権・裁判所、特別裁判所の禁止、裁判官の独立〉

第76条　すべて司法権は、最高裁判所及び法律の定めるところにより設置する下級裁判所に属する。

真由美のひとこと

一人とか一か所に権力が集中するとロクなことがないというのは、歴史を見ても明らかです！

みんなの疑問

政治家になるのに、政治家検定みたいな資格がいりますか？

（10代女子　大学生）

参政権

世の中の不正を正したい、弱者の味方になりたいという志を持って、政治家を夢見ている子どもたちも多いはず（そうであってほしい……）。その政治家のうち、国の政治をつかさどるのが国会議員です。憧れの国会議員になるためには、どんな資質が必要で、どんなことを勉強したらいいのでしょうか？　国家資格のようなものが必要なのでしょうか？　国籍や年齢・性別による制限があるのでしょうか？　そして、実際になっているのは、どんな人なのでしょうか？

国民の代表には、それなりの資格や資質を求めたいところですが……

女性は政治家になれなかった!?

参政権とは、文字通り、国民が直接に、または代表者を通じて政治に参加する権利のことです。これは、国民主権、つまり「人民の、人民による、人民のための政治」の原理と同時に生まれたのですが、それには理由があります。

国民主権とは、国の政治の在り方を最終的に決定する力（主権）が国民の手にあるという考え方ですが、その理念を具体化するためには何かしらの仕組みが必要ですね。そこで考えられたのが、一人ひとりの国民に、実際に政治参加する資格を与えることでした。参政権とは、この資格のことです。

国民主権というからには、政治参加の資格である参政権は、すべての国民に与えられると思いませんか？　ところが実際は、そうとも限りません。例えば、参政権の保障が始まった近代憲法制定以前は、「市民」という名の国民は当時の資産階級に限定され、参政権は男性の「市民」のみに与えられていました。いわゆる公民権運動を経て、参政権の範囲は次第に拡大されて、いまでは一定の年齢に達すれば、参政権はすべての国民に保障されるようになってきています。

女性が参政権を獲得したのは、1893年のニュージーランドが最初で、ヨーロッパ初はフィンランドの1906年、その後1918年にイギリスとカナダ、1920年にアメリカ、1944年にフランスなどが続きます。もっとも最近で獲得したのはサウジアラビアで、ニューズウィーク日本版の報道によれば、2015年12月に行われた地方選挙で、初めて女性が投票し、初の女性地方議員が誕生しています。

日本の女性が参政権を獲得したのは、第二次世界大戦の敗戦後、1945年12月に制定された新選挙法によってでした。翌1946年4月に総選挙が行われ、39人の女性国会議員が初めて誕生しました。1947年施行の日本国憲法には、女性の参政権がはっきりと記されています。しかし、いまなお日本の女性議員は全体の約10％程度であり、世界的にも低い水準となっています。これを解消するために、議員の一定数を女性に割り当てるクォータ（割当）制の導入や、フランスではすでに実施されている「候補者男女同数法」(パリテ法) などが必要とされています。少なくとも日本政府は、2020年までにすべての意思決定機関の女性の割合を30%にするという目標を掲げていますから、まずはその代表格である女性議員の割合を30%にしないといけませんね。そのためにも、女性候補者が30%を超えているのか、きちんと見ておく必要があります。

お金がないと政治家になれない?

憲法が保障している参政権は以下のものです。

まず、公務員の選定罷免権(15条1項)です。これは公務員を選んだり、辞めさせたりする権利です。

例えば法律を作っている国会議員や、法律の執行に責任を持つ国務大臣などが、国民の意思や利益、憲法や法律を無視するなどの行動に出た場合、国民が、彼/彼女らを辞めさせることができるのです。そうでないと、国民が主権者とはいえません。

しかし、国会議員や国務大臣などの国民解職(リコール)の制度を法律で定めようと要求する規定を具体化し、実行する法律を政府は作っていません。つまり、憲法に権利として記されていても、私たちには国会議員や大臣を罷免する具体的な方法がないのが現状です。権力者たちが、この制度を積極的に作らないということが透けて見えますね。

なお、地方自治法は、地方公共団体の主な公務員についてリコールの制度を持っており、これこそが15条1項の要求に応えるものだといえます。

次に普通選挙の保障です。国民主権のもとでは、国民の意思に従い国民のために政治を行わないといけませんから、財産や教育によって国民を差別することなく、18歳以上のすべての国民が選挙で公務員（議員）を選ぶ仕組みになっています。また、被選挙権（候補者となる権利）についても保障されなければなりません。

しかし現在の公職選挙法は、選挙権を満18歳以上の国民に認めながら、衆議院議員・都道府県議会議員・市区町村議会議員・市町村長の被選挙権は満25歳以上、参議院議員・都道府県知事の被選挙権については満30歳以上と定めています（10条1項）。

また、供託金として、国会議員や都道府県知事の立候補については３００万円、衆議院・参議院の比例代表選挙では600万円を求めていますが、これでは誰でもが立候補できるとはいえない状況ですから、普通選挙の趣旨からはずれている、ともいえます。

そのほか、最高裁判所の裁判官の国民審査、憲法改正についての国民投票なども参政権です。

政治家資格試験、あったらいいけれど……

参政権は、人であるがゆえに当然に有していると理解されている「人」の権利（例えば生命に対する権利など）とは性質が異なり、「市民」または「国民」の権利と呼ばれています。

ここで、「市民」または「国民」とは、一般的には「ある国の国籍を有する者」を意味しますので、参政権は外国人には保障されないことになります。公職選挙法は、国政、地方を問わず、その選挙における選挙権と被選挙権について「日本国民」であることを要件としています（国籍条項）。しかしながら、憲法の学説では、国政選挙における外国人の参政権は憲法上否定されるが、地方選挙における参政権は必ずしも否定されているものではない、という主張もあります。

この点について、最高裁判所が出した1995年2月28日の判断では「憲法93条2項は、わが国に在留する外国人に対して地方公共団体における選挙の権利を保障したものとはいえないが、……地方公共団体の長、その議会の議員等に対する選挙権を付与する措置を講ずることは、憲法上禁止されているものではない」としています。つまり、地方自治に関しての選挙権を外国人居住者に与えることを認めています。


いまの世代の私たちは、普通選挙は当たり前だと感じているかもしれませんが、選挙権の獲得には、時間をかけた闘いがありました。国民主権とセットになっていることからも、参政権を軽んじてはならず、少なくとも国民の側は、しっかりと投票という行動をしていかないといけません。

また、日常においても、政治家が私たちの代表としてきっちりと働いているのか、おかしなことをしていないかなど、チェックする必要があります。本当は、国会議員としてふさわしい知識や見識、資質を有しているかどうかについて、最低限の資格試験がほしいところですが、それがない以上は、国民の側が日常からしっかり議員の言行《げんこう》に目を光らせていることが必要です。

●関連する条文

〔公務員の選定罷免権、全体の奉仕者性、普通選挙・秘密投票の保障〕

第15条　1　公務員を選定し、及びこれを罷免することは、国民固有の権利である。

2　すべて公務員は、全体の奉仕者であつて、一部の奉仕者ではない。

3　公務員の選挙については、成年者による普通選挙を保障する。

4　すべて選挙における投票の秘密は、これを侵してはならない。選挙人は、その選択に関し公的にも私的にも責任を問はれない。

真由美のひとこと

私も、そんな資格があったらええなぁって思います。法律の素人さんが議員になったらアカンとは思わへんけど、モノ知らず過ぎも困りモンですなぁ。なってからでもしっかり勉強して、定期的に試験してもらいたいですな。

みんなの疑問

憲法や法律なんて、私たち庶民には直接関係ないですよね？

（40代女性　パート）

法の存在意義

仕事や家庭で常に忙しい一般庶民にとって、憲法や法律はあまり身近に感じられるものではないかもしれません。しかし、世の中のさまざまなことは、法というルールのもとに動いています。車を運転するときは道路交通法を守って運転をし、結婚や離婚のときには民法に基づいて届け出をし、万が一犯罪に巻き込まれたときは、刑法のお世話になります。法は何のためにあるのか、考えてみましょう。

法は、庶民の生活にも密接な関わりがあります

法は、社会において人権を保障するためにある

「六法」って聞いたことがありますか？　言葉の意味をご存じでしょうか？『六法全書』という法律の条文が書いてある本がありますが、実際のところは6つではなくもっとたくさんの法律があり、載っているのはその一部です。六法という言葉は、明治時代に欧米型近代国家になりたいと思った明治政府が、まず作ったのが憲法、民法、商法、刑法、民事訴訟法、刑事訴訟法の6つだったことに由来します。ここから派生して、主な法律を掲載してまとめた本を「六法」と呼ぶようになりました、

さて、これらのたくさんの法は、いったい何のためにあるのでしょうか。

「社会あるところに法あり」という言葉があります。法というのは社会において守られるべきルール、すなわち社会規範を指します。そして、どのような社会もルールな

しには存立できないことを意味します。

社会規範には、習俗、道徳（モラル）、宗教規範などもありますが、法は他のものと比べて「強制力」があるという点が特徴です。例えば、現代においては「仇討ち」（＝自力救済）は法によって禁止されていて、もめごとは裁判に持ち込むことになっています。唯一強制力のある裁判で、解決することになっているのです。

また、法は社会のルールのすべてではないけれど、その中でも守るべき必要性の高い厳選されたルールといえます。宗教規範なら「日中は断食をせよ」という規範が存在すれば、その宗教を信仰している人ならストイックに守るべきものとされますが、法は「誰でも守ることができる」ことが特色です。その中で憲法は最上位にあって、法の中の根本法と位置づけられています。

「知らなかった」では済まされない

法は、社会を規律するルールですから、知らなかったからといって罪を犯しても許されるものではありません。例えば、50ccの原動機付自転車は公道では絶対に時速

30ｋｍ以内のスピードでしか走ってはいけないというルールがあり、時速50ｋｍで走ったらつかまります。たとえ「道路標識が50ｋｍだった」と言い訳しても、それは通用しませんよね。

また、たくさん稼いだ人が、所得に応じた税金を払わなかったら罰せられますよね。でも、例えばパートに出ている質問者のあなたが、夫の扶養家族として年間１０３万円の所得を超えず、年末調整がなされなかった場合、確定申告をすると、源泉徴収で取られた税金全額が返ってきます（還付）。それも、仮に知らなかったとしても５年間さかのぼって申告できるのです。

ところが税務署は、税金を徴収するときには罰則までつけてきますが、取りすぎた税金を還付するときには積極的に教えてくれません。ですから税法をちゃんと理解しているかどうかに、かかってくるのです。

私たちの日常生活においても、法は、知らないと損をしたり、困ったことになりますし、とても密接な関わりがあるのです。

真由美のひとこと

生活のあらゆるところに
法律が関わってるんですよ！
意識してないだけで、
関係ないこととちゃいます！

第2章

暮らしの中の憲法

みんなの疑問

私のたった1票にどんな価値があるの？

（60代女性　商店主）

選挙

「この忙しいときに選挙行くのは面倒くさい」

「何十万人、何百万人も行くんやから、私の１票なんて結果にはなんの関係もあらへんわ」

国会議員、県知事、市議会議員などの選挙のたびに、投票所に足を運ぶのはたしかに大変です。「私が行かなくても」とつい思ってしまうこともありますね。しかしそれでいいのでしょうか？私たちの１票は、本当に意味がないのでしょうか？

その１票が、国民の代表と国の将来を決めているのです

選挙は市民の権利、でも昔は……

主権が国民の手にあることは、参政権（Ｐ51）でも書きましたが、主権者が権力をどのように使うのかについては、憲法に定められています。

直接の投票で国民が決定するのは、憲法改正のときだけです（96条）。国民主権だからといって、国民がなんでも直接に決められるわけではありません。

さて、私は「国民」と「市民」という言葉を意図的に使い分けています。

「国民」と使う場合は、日本国憲法の用法に従っているか、国籍があるという意味で、それ以外の意味がある場合に「市民」を使っています。「市民」は、単に大阪市民や神戸市民という意味ではありません。

「人」権に対して「市民」の権利というときには、その人がどう政治に関わるかが問題なのです。近代憲法が国民の主権を掲げるようになってからも、政治への参加はすべての国民に開かれたわけではありませんでした。年齢、性別、財産などによる資格により、選挙権も被選挙権も決定づけられていたわけですから、「市民」としての権利は拒否されていたといえます。なお、日本国憲法以前の大日本帝国憲法では「国民の権利」とは「法律の範囲内において」認められているだけでした。

多くの国で、財産上の資格要件を外した「普通選挙」、そして次に性別による制限を否定した「婦人参政権」の獲得運動が必要でした。

「国民の代表」を選んだのは私たち自身

【権力分立】（P43）で書いたように、日本国憲法は、国会を「国権の最高機関であって、国の唯一の立法機関」（41条）としています。国民と国会とは、議員の選挙を通して直接につながっています（43条1項）。

国会は、衆議院と参議院から成り立っていて、「全国民を代表する選挙された議員」

で構成されています（43条1項）。皆さんはこの条文を、当たり前のことだとしか感じないかもしれませんが「全国民を代表する」という意味を考えてみましょう。

近代以前は、議会とは、それぞれの身分の利益を代弁する議員たちが、選出母体の指令を受けて派遣されている集会のことを指していました。個別の利害のしがらみの中でしか、議員として動けなかったわけです。

このことの反省から、近代の選挙制度では「代表」は「代理」ではないことが確認されました。

その代表を選ぶのが選挙です。

選挙は義務ではなく、私たちの権利です。

選挙の結果、暴走する政権が誕生することがあったとして、それが選挙の結果であれば、私たちの責任でもあるわけです。

政治が劣化している、政治家なんて信用できないと文句を言うのは簡単ですが、それは国民を映す鏡であるともいえます。一人ひとりの個人がこの社会を担っているという、主権者の意識を持たないといけませんよね。

あなたの1票にどれだけの重みがあるのか、重みなんてないんじゃないか、と思われるかもしれませんが、選挙結果はその1票1票の積み重ねでしかないのです。

●関連する条文

〔両議院の組織・代表〕

第43条　両議院は、全国民を代表する選挙された議員でこれを組織する。

真由美のひとこと

知らない間に、自分が好きじゃない政治家だらけにならないためにも、参政権は持ってるなら使わないと！

みんなの疑問

政治も多数決で決まるの？

（女子　小学５年生）

民主主義と多数決

学級委員選挙や学芸会の出し物などを決めるとき、クラスで選挙をして、一番たくさんの票を得た人や事柄に決定することが多いですね。そんな「民主主義イコール多数決」のイメージを持っている子どもたちは、2015年夏に国会前の路上に響いた「民主主義ってなんだ？」の大合唱を聞いて、違和感を覚えたようです。民主主義と多数決の違いは、どこにあるのでしょうか。

民主主義＝多数決ではありません。重大な違いがあります

多数決にしないといつまでも決まらない、けれど……

民主主義とは何でしょうか？　それを単なる多数決のこと、と捉えている人がいますが、本当にそうでしょうか？　もちろん、何かを決めなければいけないときに、最終的に多数決で決めなければ、いつまで経っても何も決まらないことになるでしょう。

例えば、学芸会の出し物を決めるとき、先生が、「誰でも知っている、日本の昔話の中から劇をしましょう」と提案し、クラスの中で『桃太郎』と『花さかじいさん』が候補にあがってきたとしましょう。投票をしたら、『桃太郎』が15票、『花さかじいさん』が14票だったので、多数決で『桃太郎』に決定しました。

配役を考えたり、みんなで改めて『桃太郎』を読みだしたりしたところ、Ａさんが「この鬼、なんかかわいそう。もしかしたら、桃太郎だって悪いんじゃないの？　桃太郎がいくら強いからって、遠い島に住んでいる鬼を、話し合いもしないで成敗して、宝物を全部奪ったっていうのは、泥棒と同じじゃないかなあ」と言い出しました。それをきっかけに、みんなも『桃太郎』の正義だけでなく、鬼の側の正義も考えはじめ、クラスで議論になりました。

もともと、『花さかじいさん』をやりたいと言っていたグループは、「だったらやっぱり、『花さかじいさん』がいいよ！」と主張し、その空気が広がって、気がついたらクラスでそのような声が大きくなりました。そこで、もう一度投票をしたところ、20人が『花さかじいさん』がいい、ということになりました。

多数決で物事を決めるには条件がある

さて、『花さかじいさん』の練習をやりはじめたところ、「日本の昔話」という限定がついていることに疑問を持った女子がクラスの中から出てきました。

「よく考えてみると、『桃太郎』も『花さかじいさん』も、女性は脇役のおばあさんばかり。私は主役がやりたいの。『アナと雪の女王』ではダメなの?」と言います。

そもそも、最初に「日本の昔話にしましょう」と言いだしたのは先生。どうやって、そういうことになったのかもわかりません。

よく考えてみると『桃太郎』か『花さかじいさん』かというのは、限定的な選択肢です。先生という立場はクラスでは圧倒的な力がありますから、生徒のほとんどは「先生がそう言うなら、その範囲の中で決めないといけないな」と思ったのではないでしょうか。

さて、どこかで落としどころを見つけないといけません。


このように、一度決まったことでも、決まったことに違和感を覚える人の意見に耳を傾けてみたところ、それももっともだと思う人が増えて、多数決で決まったことがひっくり返ることがあります。

これこそが民主主義なのです。

民主主義が成立する前提として、

①情報が公開されていること
②表現の自由（憲法21条1項）が十分に保障されていること
③多様性が確保されている（少数意見が尊重される）こと

が大切です。これをクラスの例に当てはめると、

①なぜ日本の昔話ということに最初に決まっていたのかを先生にたずね、
②クラスの誰もが自由に意見を言えて、
③多数者の感じない疑問を抱いた友だちの意見に、ちゃんと耳を傾けること

が前提なのです。

これらの話を、権力者と市民に置き換えて考えてみましょう。

一見、民主的に思えることでも、それが民主主義の成立する前提を満たしているかどうか、そして本当に民主的なのかどうか、を考えるきっかけになるのではないでしょうか。

政治も最後は多数決で決まりますが、その過程で少数意見に耳を傾けることこそが、民主主義なのです。

●関連する条文

〈集会・結社・表現の自由、検閲の禁止、通信の秘密〉

第21条　集会、結社及び言論、出版その他一切の表現の自由は、これを保障する。

真由美のひとこと

学級会と同じで、
政治も最後は
多数決で決まりますねん。
でも、
「小さな声を無視しないこと」と、
「考え直すこと」が
とても大切なところですねん。

みんなの疑問

18歳から有権者になったら酒もタバコもOKですか？

（男子　高校生）

成人の定義

2015年6月、改正公職選挙法が参議院で可決、成立しました。これによって、2016年夏の参議院議員選挙から、18歳以上が有権者となります。民法で20歳とされている成人年齢と矛盾しないのでしょうか？　選挙権と同じように、18歳の飲酒・喫煙・公営ギャンブルの馬券等の購入なども解禁されるのでしょうか？　18歳以上と18歳未満が混在することになる高校の教育現場での混乱も心配です。

いまのところ引き下げられたのは選挙に関する年齢だけ

飲酒・喫煙についてはまだまだ検討中

公職選挙法が改正され、２０１６年夏の参議院選挙から18歳以上の人たちに選挙権が与えられることになりました。これに伴い、現在与党である自民党の成年年齢に関する特命委員会では、民法上の成人年齢を速やかに「18歳」に改め、少年法の適用年齢も「18歳未満」に引き下げるよう求める提言をとりまとめました。

ご質問のような飲酒、喫煙の解禁年齢については、引き下げへの賛否を両論併記し、慎重に検討を続けることにしました。

当初の提言案では、飲酒、喫煙の解禁年齢は現行の「20歳」から「18歳」に引き下げることが「妥当」と明記していました。けれど、会議では健康被害などを理由に慎重な検討を求める意見が多く、特命委員会としての結論は見送られることになっています。また、少年法については、適用外となる18〜19歳に一定の保護策を導入するよう求めました（2016年3月現在）。

さて、どうして「18歳」に選挙権を与え、それと成年年齢を合わせて18歳成人を認めようとしているのか考えてみましょう。

それには二つの流れがあります。一つはさまざまな少年事件を受けて、少年に対する刑罰を強化しなければならないという「厳罰化」の動きです。現行の少年法では20歳未満を「少年」としているので、これを18歳に引き下げることを主張しています。

もう一つは、選挙権を18歳に引き下げて、若者層の政治参加を促すという動きです。

なぜ成人が20歳だったのか？

それでは、そもそもどうして20歳が成人なのでしょうか？

これは、1896年に制定された民法に「満20年をもって成年とす」と定められているからです。

なぜ民法が20歳を成年にしたかというと、民法を制定する際に参考にしたフランスの民法の規定にならったという説、また、中国の「礼記」に「男子は20歳にして弱という冠をかぶり成人を宣言する」とあり、これを採用したという説もあります。

また、１９８９年に国連で採択された「子どもの権利条約」は、子どもを18歳未満、と定義しています。つまり、国際的には18歳からは子どもではない＝成人なのです。

日本は「20歳からを成人とする」としていますが、子どもの権利条約の適用範囲は「18歳未満のすべての者」です。これではどちらかに矛盾が生じますが、日本では適用は条約に合わせて18歳未満のすべての者としています。

ただ、例えば子どもと成人は刑務所などを分離しないといけません。しかし日本では18歳、19歳は少年院に入ることになりますので、成人と子どもとの分離になっていない、と国連から指摘されています。

それはそうと、少年法の厳罰化については、最近は世間でもその方向で賛成、という人が多くなってきていますが、少しだけ立ち止まって考えてもらいたい点があります。厳罰化を唱える人たちは、何が最終的な目的なのでしょうか？

よく言われるのが、犯罪の抑止力であるということですが、まず、法でいくら犯罪に対して厳罰を科しても、抑止力にはほとんどつながっていないという点はご存じでしょうか? 怒りで冷静さを欠いているときに、「ああ、いまこれで人を刺したら懲役○年だな」なんて考えて刺す人はほぼ皆無です。そして日本は、死刑のある国ですが、死刑があるのになぜ凶悪犯罪は減らないのでしょうか? つまり、厳罰と犯罪の抑止力には、ほとんど因果関係はないのです。それは少年事件でも同じです。

また、少年少女が非行に走る背景には、いくつか要因がありますが、その中でも成育歴において周囲から健全な愛情を受けることができず、激しい虐待を受けて育ったという場合を考えてみましょう。毎日のように、「アンタなんか生まれてこなければよかったのに」などと罵られ、殴られ、蹴られて育った子は、自分のことを大切に思う気持ち、つまり自己肯定感が持てないままになってしまいます。自分自身について、「ダメな子」「悪い子」「地域でも、社会でも存在価値のない人間」などと思いこみ、投げやりな行動を取るようになってしまうのです。

社会が自分を大切にしてくれないという感覚を持ちながら成長すれば、社会のルールを守ろうといった意識(規範意識)が育つはずがありません。ついには、「どうでもいい。死刑にしてくれ」といった感情まで抱いてしまうこともあります。こうした少年少女たちに対して、厳罰化は意味を持つのでしょうか。

確かに、被害者の感情からすれば、厳罰化を望む気持ちは理解できます。被害者やその家族に対するケアはとても大切なことです。しかし、新たな被害者を生み出さないためにも、社会の仕組みとして少年少女の非行を防ぐことも大切です。そのために、法はもちろんのことですが、私たちの日常生活でよそのお子さんで困っている子がいないか、お腹を空かせている子がいないかといった目配り、心配りをすることも、犯罪抑止につながるのではないでしょうか。

ところで、選挙年齢の引き下げと同時に、成人年齢の引き下げもなされるかと思っていましたが、選挙年齢だけが先に引き下げられました。

このことに何か裏があるのか、ないのか？　若い層の票を取りこもうとする政党の思惑が、見え隠れしているような気がしませんか？　権力を持つ人たちが、18歳からの選挙権を認めたということは、18歳から19歳の年代が権力を持つ人たち側に、より多く投票するだろうと目算したからでしょう。つまり、うまみがあると思ったから導入したといえるのではないでしょうか。

というわけで、公選法がいくら18歳から選挙権を認めたからといって、現在の成人年齢は20歳です。18歳、19歳の皆さんは、酒もタバコもまだダメです。

●関連する条文

〔公務員の選定罷免権、全体の奉仕者性、普通選挙・秘密投票の保障〕

第15条　公務員を選定し、及びこれを罷免することは、国民固有の権利である。

3　公務員の選挙については、成年者による普通選挙を保障する。

真由美のひとこと

あきまへん！

みんなの疑問

目に余るようなヘイトスピーチでも、表現の自由で守ってやらないといけないのか？

（70代男性　ボランティア）

表現の自由

ヘイトスピーチとは、ある特定の人種や民族などに対して行う差別的な言動、憎悪表現のこと。日本でも、ここ数年ネット上で急速な広がりを見せ、また、街頭での宣伝活動も行われるようになってきました。繰り返される「叩き出せ」「殺せ」などの罵詈雑言、差別的な発言。心を痛めた人が反対意見を述べると、たちまち反論の渦に巻き込まれて個人攻撃されます。果たしてこれが憲法に保障された「表現の自由」なのでしょうか？

「表現の自由」の本来の意味から ヘイトスピーチを考えてみましょう

銭湯に貼られた「外国人お断り」は違憲？

皆さんは、日本が「人種差別撤廃条約」という国際人権条約に入っているのをご存じでしょうか？　これは、国連により採択された主要な9つの人権条約のうちの一つで、人種差別について取り上げている、もっとも詳細で包括的な国際法です。

それによると、

「『人種差別』とは、人種、皮膚の色、世系又は民族的もしくは種族的出身に基づくあらゆる区別、排除、制限又は優先であって、政治的、経済的、社会的、文化的その他のあらゆる公的生活の分野における平等の立場での人権及び基本的自由を認識し、享有し又は行使することを妨げ又は害する目的又は効果を有するもの」（1条1項）

と、定義されています。

日本には、イギリスやオーストラリアにあるような差別禁止法という法はありません。もちろん、日本国憲法の14条1項には「すべて国民は、法の下に平等であって、人種、信条、性別、社会的身分又は門地により、政治的、経済的又は社会的関係において、差別されない」とありますが、この条文だけだとなると、短い上にさまざまな解釈も可能となります。

かつて、外見上から外国人と考えられた客の入浴を銭湯が拒否した事件がありました。これは、小樽港に停泊するロシア船員が、日本の公衆浴場での慣習がわからず、ロシアと同じようなやり方で日本の銭湯に入ったことが問題の発端でした。それがきっかけとなり、店先の張り紙に書かれた言葉は、〝JAPANESE ONLY〟と、日本語で「外国人お断り」のニュアンスの言葉が併記されていました。

「これは人種差別ではないか？」

と思った、アメリカ出身で日本国籍を得た男性と、ドイツ国籍の男性と、アメリカ国籍の男性3人が裁判を起こしたのです。裁判所は民法にある公序良俗規定（90条）

や、不法行為規定に論及しました。しかし、その解釈をするときに、憲法はもちろんのこと、国際規範である人種差別撤廃条約と自由権規約（市民的及び政治的権利に関する国際規約）が参照された経緯があります。そして銭湯の運営会社には賠償命令が出ました（小樽温泉入浴拒否事件　２００２年11月11日　札幌地裁）。

日本はヘイトスピーチを擁護している!?

人種差別撤廃条約で、ヘイトスピーチに関連する第4条（a）（b）を、日本政府は留保（条約自体には入るけれど、その条文に関しては適用除外にするということ）しており、簡単にいえば、留保している条文は守りません、と表明していることになります。

その理由は、憲法21条の「表現の自由」と矛盾してしまい、処罰の法律を作ると正当な言論までも不当に萎縮させてしまう危険性があるからです。

確かに、表現の自由は人権の中でも優先順位が高い人権ですが、「現在の日本が人種差別思想の流布や人種差別の煽動が行われている状況にあるとは考えていない」

（２０１３年人種差別撤廃条約委員会への日本政府報告書パラグラフ84）という政府の見解には、ヘイトデモや差別街宣が全国各地で繰り広げられているにも関わらず、この現状を見たことがないのか？　と首をかしげてしまいたくなります。

このような、他者に対して叩き殺せ、などという表現が、「表現の自由」として憲法の人権として守られるべきものだと、皆さんはお考えになりますか？

ヘイトスピーチの主要なターゲットは、旧植民地出身者である在日コリアンに向けられています。つまり、特定の人種をターゲットにしていることになりますね。

１９６５年に法務省入国管理局の高官が『法的地位２００の質問』という書籍で、「外国人（当時の外国人の9割以上は在日コリアン）は煮て食おうと焼いて食おうと勝手だ」と記しており、このような政府の姿勢が民間における在日コリアンの差別を固定化してきたといえます。朝鮮学校に対しての攻撃、殺傷事件、暴言、暴行、嫌がらせなどはあげればキリがないくらいありますが、そこには一人の人間として傷ついている人がたくさんいることを忘れてはいけませんね。

自分たちより少数者のグループや、自分たちよりより弱い立場の人たちを叩くことによって、自分の優位を感じるなんて、しょうもないことであり、れっきとした差別です。また、自分が弱い立場だと考えている人が、自分が守られないことに腹を立てて自分より弱い人をさらに叩いてどうするのでしょうか。

あるグループや人種に向けられる「叩き殺せ」が、表現の自由に入るとは、私には思えません。


2016年5月に、いわゆる「ヘイトスピーチ解消法」が成立しました。

この法律では、在日外国人に対する差別的言動は被害者に多大な苦痛をもたらし、地域社会に深刻な亀裂を生じさせている許されない行為であり、その解消は喫緊の課題であると定義づけ、国や地方自治体に相談体制を整備し、人権教育を充実するよう求めています。

しかし、禁止条項は入らず、対象が「適法に居住するもの」に限定されているなど不十分です。これだと非正規滞在者は差別をしても許される、という言い訳がなされるのではないでしょうか。

●関連する条文

〈法の下の平等、貴族制度の禁止、栄典の限界〉

第14条　すべて国民は、法の下に平等であつて、人種、信条、性別、社会的身分又は門地により、政治的、経済的又は社会的関係において、差別されない。

〈集会・結社・表現の自由、検閲の禁止、通信の秘密〉

第21条　集会、結社及び言論、出版その他一切の表現の自由は、これを保障する。

2　検閲は、これをしてはならない。通信の秘密は、これを侵してはならない。

〈人種差別撤廃条約第４条〉

締約国は、一の人種の優越性若しくは一の皮膚の色若しくは種族的出身の人の集団の優越性の思想若しくは理論に基づくあらゆる宣伝及び団体又は人種的憎悪及び人種差別（形態のいかんを問わない。）を正当化し若しくは助長することを企てるあらゆる宣伝及び団体を非難し、また、このような差別のあらゆる扇動又は行為を根絶することを目的とする迅速かつ積極的な措置をとることを約束する。このため、締約国は、世界人権宣言に具現された原則及び次条に明示的に定める権利に十分な考慮を払って、特に次のことを行う。

（a）人種的優越又は憎悪に基づく思想のあらゆる流布、人種差別の扇動、いかなる人種若しくは皮膚の色若しくは種族的出身を異にする人の集団に対するものであるかを問わずすべての暴力行為又はその行為の扇動及び人種主義に基づく活動に対する資金援助を含むいかなる援助の提供も、法律で処罰すべき犯罪であることを宣言すること。

（b）人種差別を助長し及び扇動する団体及び組織的宣伝活動その他のすべての宣伝活動を違法であるとして禁止するものとし、このような団体又は活動への参加が法律で処罰すべき犯罪であることを認めること。

真由美のひとこと

ヘイトスピーチは「表現の自由」で守る必要がない、というのが国際的な潮流ですわ。

みんなの疑問

生活保護をもらっているとズルいと言われます。高校に行くのは贅沢ですか？

（女子　中学生）

生存権

一部の不正受給が報じられたこともあり、生活保護に対する世間の声は「何もしないでお金をもらっている」と、厳しさを増しています。高校に進学した子どもが受けている奨学金が「収入」と見なされ、その家庭に対する生活保護が減額された例もあります。そもそも生活保護とは、どんな趣旨で作られた制度なのでしょうか。私たちは、その制度をどのように理解すればいいのでしょうか。

生活保護は、憲法に定める「健康で文化的な最低限度の生活」のためにある

生活保護をもらうのはこんなに大変！

この数年、生活保護をはじめ、この社会で生きていくことがしんどい人たちを助けようとしたり、自立を支援する制度や政策が軒並み叩かれています。社会的な不寛容が広がっているな、と感じるのですが、自分もしんどいのに他者のしんどいことなんて知ったこっちゃないわ、という感覚に近いのでしょうか。

もしかすると皆さんは、万一生活に困っても、生活保護をもらえるのだから心配ない、と考えてはいませんか？　しかしながら、生活保護はそう簡単にもらえません。

もし、生活保護を申請しても、子どもや兄弟姉妹がいる場合には、身内から助けてもらいなさいと言われます。そうなったら、親子間や兄弟姉妹間で確実にケンカになりますよね。

また、ローンの残っている住宅を所有している場合には、まず住宅を売却して残金を生活費に充てなさいと言われますが、住宅というのはできた瞬間から値が崩れていきますから、売れたとしてもローンが完済できるとは限らず、その上に、家を売ったあとで住むために借りた賃貸住宅の賃料が発生して、さらに苦しくなることもあります。

自家用車やエアコンを持っている場合は、それらはぜいたく品だから売却しなさいと言われることがあります。事情によっては持っていていい場合もありますが、原則としては売却です。

都会に住んでいて、電車やバスが頻繁に通るところなら、自家用車はなくても生きていけるかもしれませんが、日本のすべての地域がそうではありませんね。エアコンにしても、平均気温が数十年前と比べて上がってきて、夏に「熱帯夜」が大幅に増え、熱中症への対策としてテレビやラジオの天気予報でも「エアコンを賢く使って」といわれる現在、本当に持っていることが「ぜいたく」なのでしょうか？

生活保護を受けるのは「恥」ではありません

生活保護がそんなに簡単にもらえない、ということはあまり知られていませんが、それと同時に、生活保護を受給することは「恥」と思ってためらう人も多くいらっしゃいます。そして、受給されるとなっても、生活保護はお情けでいただくものだから、さまざまな条件がつけられても仕方ないという考え方（お恵み論）もまだまだ一般には多くあります。

しかし現在では、生活保護は権利として位置づけられているのです。

憲法で定める「健康で文化的な最低限度の生活」（25条1項）は、どのような生活を指して、誰がその基準を決めるのでしょうか？

日本と外国では違うでしょうし、時代とともに状況は変化しますから、「最低限度」の基準が変わることも当然あります。

実は、その内容を決定するためには、衣服費、食費住居費、医療費、勤労世帯の年間収入と支出、物価上昇率などのデータが必要となります。

そんなデータを収集したり、分析したりできるのは、立法機関と行政機関ですから、これらの機関主導で行われます。だからこそ、政治というのは日常生活と直結しているのだ！　とおわかりいただけるのではないかと思います。

最後に、質問したあなたへ。生活保護は、最低限の生活が保障されるための権利です。生活保護をもらっているあなたが悪いわけではありません。高校へ行って、しっかりお勉強しましょうね。その後の人生がかかわりますよ。

●関連する条文

〈生存権、国の社会福祉及び社会保障等の向上及び増進の努力義務〉

第25条　すべて国民は、健康で文化的な最低限度の生活を営む権利を有する。

２　国は、すべての生活部面について、社会福祉、社会保障及び公衆衛生の向上及び増進に努めなければならない。

真由美のひとこと

ズルいなんて言う人の言うことを聞く必要はありませんで。

みんなの疑問

親がお金を払っている子どものスマホを見るのは違法なのか？

（50代男性　会社員）

親の権利・義務

最近、外出が増えてお化粧もはじめた中学生の娘。「ボーイフレンドができたのではないか」と心配した父親が、入浴中の娘のスマホをチェック。娘がそれに気づいて大喧嘩になりました。父親は、「スマホの通信料は親が払っているのだから、親には中身を見る権利がある。娘の交友関係に気を配るのは、親の権利であり義務」と主張しています。父親の主張は通るのでしょうか？

親と子どもは別人格で、子どももちゃんと権利を持っています

子どもが持っている法的資格はこんなにある！

皆さんは自分以外の人に、自分宛てに届いた郵便物を勝手に開けられたらどう思いますか？　それも、友だちから届いたお手紙だったりしたらどう思いますか？　腹が立ちますよね。

子ども（未成年者）であっても、人格のある一個人で、プライバシーの権利もあります。ただ、一般的に、子どもは未成熟で十分な判断能力を持たず、心身ともに傷つきやすい存在であることから、成人とは違うとされ、それゆえに異なる取り扱いが許されるとされています。

【成人の定義】（P78）でも触れたように、選挙権は18歳からになりますが、日本では

成人は20歳になってからです。日本も入っている子どもの権利条約では、子どもは18歳未満とされており、日本の定義とは2歳の差がありますが、「日本では子どもは20歳未満」としています。

さて、子どもでも、成人同様に認められている法的な資格や能力があります。例えば、13歳以上は性行為の同意（刑法176条、177条）、14歳以上は刑事責任の能力（刑法41条）、15歳以上には遺言能力（民法961条）、16歳以上は普通二輪や原付の免許（道路交通法88条1項）、議論はありますが女子の婚姻年齢も16歳以上（民法731条）、18歳以上で男子も婚姻可能（民法731条）、普通免許も18歳以上（道路交通法88条1項）、19歳以上でサッカーくじが購入できるようになります（スポーツ振興投票法9条）。これらは一例ですが、子どもでも、けっこう法的能力があるんですよ。

子どもの保護と自由のバランス

憲法の保障する基本的人権から見ると、子どもに関しては「保護」と「自由」とのバランスが重要です。子どもは他者に傷つけられやすいことから、成人より手厚い保護をすることがあります。憲法27条3項には「児童は、これを酷使してはならない」とあるのもそのためです。また、親による子どもの虐待についても、児童虐待防止法ができてからは対策が強化されました。

なお、憲法26条の義務教育は、子どもが学校に行く義務ではなく、保護者が子どもを学校に行かせる義務、つまり親の勝手で子どもを学校に行かせないということは許されない、ということもよく知っておいてくださいね。

子どもは保護だけの対象でもありません。子どもといえども、発達し、自立していく存在です。場合によっては、失敗するという試行錯誤も必要不可欠なことです。親や保護者の介入が許されるのは、子どものこれからの人生に取り返しのつかない重大な損害を与えるような行為の防止に限られると考えていいでしょう。

さて、メールをのぞき見する話に戻ると、刑法133条によると、正当な理由がないのに封をしてある信書（手紙）を開けると、1年以下の懲役または20万円以下の罰金刑が科せられます。信書とは、「特定の人から特定の人に宛てた意思を伝達する文書」のことで、手紙やはがき、メールなどもこれにあたります。よく「親展」と赤字で封筒の表に印字がしてあったりするのを見かけますが、そのように書かれていなくても、封がされてある通信物はすべて信書だと考えていいでしょう。

例外としては、病気で開封できない状態であったり、あるいは中身が緊急性を要する内容で、宛名人が海外などに出かけていて急いで処理しないといけないときは、「正当な理由」として開封が認められます。なお、「信書開封罪」は親告罪なので、被害者が訴えなければ罪にはなりません。

ただ、民法８２０条は、親が子どもの監護及び教育の権利と義務があることを定めていますので、それをもって「正当な理由がある」と言えなくはないですが、黙って見るのはモラルの問題といえそうですね。

何でも法的に議論することはできますが、それ以前にまず親子間でコミュニケーションをとってほしいなと思います。

〔教育を受ける権利、教育の義務〕

第26条　すべて国民は、法律の定めるところにより、その能力に応じて、ひとしく教育を受ける権利を有する。

2　すべて国民は、法律の定めるところにより、その保護する子女に普通教育を受けさせる義務を負ふ。義務教育は、これを無償とする。

〔勤労の権利及び義務、勤労条件の基準、児童酷使の禁止〕

第27条　すべて国民は、勤労の権利を有し、義務を負ふ。

2　賃金、就業時間、休息その他の勤労条件に関する基準は、法律でこれを定める。

3　児童は、これを酷使してはならない。

真由美のひとこと

お父さん、
「お金払ってたら何してもええねん」
という感覚はあきません。
法の問題の前に、
まずは
お嬢さんとのコミュニケーションを
ちゃんと取りましょう。

みんなの疑問

息子の部屋を片づけたら、プライバシーの侵害と言われましたが……

（50代女性　主婦）

プライバシーと環境権

高校生の息子の部屋を掃除した母親が、隠してあったエロ本やアニメ漫画を発見しました。帰宅した息子は、「プライバシーの侵害だ。勝手にボクのものに触れるな」と激怒。母親のほうは、「部屋が散らかっている様子が耐え難く、見かねて掃除した。自分にも快適に暮らす権利がある。エロ本などを勝手に処分したわけではない」と反論しました。この親子喧嘩、どちらが正しいのでしょうか？

法律的には、どちらにも権利がありますが……

放っておいてもらいたい息子

プライバシーの権利は、もともと「一人で放っておいてもらう権利」でした（Ｐ１２０参照）。放っておいてもらえてはじめて、人格を形成、成熟し、自己実現が可能になります。プライバシーとは、個人の人格に関わる事柄について、国や他人から保護しようとするもので、個人の姓名・住所・電話・趣味・経済状態の情報なども含まれています。

そう考えると、息子さんの主張は伝統的なプライバシーの権利といえます。

放っておいてもらいたいんですよね？　エロ本を片づけられたらいやなんですよね？　片づけられた後にきれいに机の上とかに並べられていたら、いつまでも子どもじゃないし、大人の階段昇ってるところだしって、腹も立ちますよね。

見かねて掃除をしてしまう母

一方、お母さんの主張の「環境権」ですが、「よき環境を享受し、かつそれを支配しうる権利」として提唱されはじめました。きっかけは、１９６０年代の高度経済成長のツケともいえる深刻な公害問題が、全国でクローズアップされたことからです。これは、憲法13条の幸福追求権と、25条の生存権が根拠として使われるようになりました。

憲法として議論になるとき、ここで想定されている環境とは、大気・水・日照などの自然環境です。また最近では景観や遺跡などの歴史的・文化的な環境や、さらには道路・公園のような社会的環境まで環境権の保護の対象となるという議論もあります。

しかしこれまでのところ、裁判所が環境権を憲法上の権利として認めた判例はありません。最近では、２０１４年5月に福井地裁が差し止めを言い渡した大飯原発の３・4号機の運転差止請求事件で、原告側は人格権と環境権に基づいて訴えを起こしていましたが、裁判所は人格権と安全技術・設備の観点から差し止めを言い渡しました。

このように、環境権はまだまだ裁判で使える権利にはなっていない状態なのです。

ただ、家の中でも「よき環境を享受」したいというお母さんのお気持ちもよくわかります。息子さんのエロ本の中から、ゴキブリが出てきたらいやですものね。むしろ、それが参考書だったらお小遣いが増えたかもしれないのに、そもそもそれくらいちゃんと片づけておいてよ！　と思いますよね。

お母さんには、汚い部屋でゴキブリやその他見たことのない生命体が出てこないなら、少しだけ寛大に見てあげてほしいです。

で、息子さんのほうは、お母さんに掃除される前に、ちゃんと部屋を片づけたらこんな問題はそもそも起こりませんよ。

●関連する条文

〈個人の尊重・幸福追求権・公共の福祉〉

第13条　すべて国民は、個人として尊重される。生命、自由及び幸福追求に対する国民の権利については、公共の福祉に反しない限り、立法その他の国政の上で、最大の尊重を必要とする。

〔生存権、国の社会福祉及び社会保障等の向上及び増進の努力義務〕

第25条　すべて国民は、健康で文化的な最低限度の生活を営む権利を有する。

2　国は、すべての生活部面について、社会福祉、社会保障及び公衆衛生の向上及び増進に努めなければならない。

真由美のひとこと

どちらも正しいです（笑）

みんなの疑問

憲法が「幸せになる権利」を守ってくれるって本当？

（20代女性　アルバイト）

幸福追求権

「幸福」って何でしょうか？　おなかいっぱい食べられること？　元気に生きていけること？　自分が自分らしく生きていけること？　好きな人と一緒に生きていくこと？「幸福」が憲法に守られていること、知っていますか？

法には一見そぐわない「幸福」ですが、きちんと定めがあります

幸福な人生を守るためのさまざまな権利

皆さんにとって、「幸福」って何でしょうか?

人それぞれ、そして時期によっても「幸福って何か」は違ってくるものですよね。

日本国憲法に「幸福」という単語が出てくることをご存じでしょうか? 小難しそうなイメージのある憲法の中にある「幸福」という単語に、ちょっとほっこりしませんか? 13条には「すべて国民は、個人として尊重される。生命、自由及び幸福追求に対する国民の権利については、公共の福祉に反しない限り、立法その他の国政の上で、最大の尊重を必要とする」と書かれています。この13条は、「包括的基本権」や「幸福追求権」と呼ばれています。

また、憲法には法の下の平等（14条）、思想・良心の自由（19条）、表現の自由（21条）、生存権（25条）など、具体的な人権の内容が書かれています。さらに、憲法には明記されていないけれど、基本的人権として保障される権利があります。プライバシーの権利、名誉権、環境権、自己決定権、肖像権などです。

聞いたことのある権利もあるのではないでしょうか？

これらの権利の憲法上の根拠は13条にあり、憲法が明確な人権として保障していない権利を、人権として保障するための規定とされています。

憲法制定から70年近くが過ぎた現代では、社会の変化もあり、憲法の条文で保障されている人権だけが人権として保障されるのでは十分とはいえません。幸福な社会生活を送っていく上で、個人の利益も、人権として保護される必要があります。

例えば環境権は、企業の経済活動によって生じた環境破壊から、人間の生命や生活を守るために登場した権利です。高度経済成長期の公害問題やゴミ問題、地球温暖化の問題など、解決しなければいけない問題がたくさんありますね。

自分のことは自分で決めていい、ただし……

自己決定権についても述べておきましょう。自己決定権は普通「自分の私的な事柄について自由に決定する権利」と定義されています。それは、

①服装・髪型、結婚・離婚、同性愛の自由などのライフスタイルに関する事柄
②バイク・登山、喫煙・飲酒などの危険行為に関する事柄
③避妊・中絶・人工生殖などの産む自由・産まない権利、延命拒否、尊厳死、安楽死のような生命に関する事柄

の3つに大きく分けられます。簡単にいえば、「こういうことは自分で決める問題だから、他人も国家も干渉しないで」というのが自己決定権なのです。

けれども、こういった事柄に関しては、何かと国家の介入が加えられやすいのです。それは、特に民主主義の世の中では、国家の意思（法律など）というものに、大勢の「常識人」の意見が反映されやすいからです。

①でいえば、「常識人」は、中学生でピンク色の髪の色をしていることにしかめっ面をするでしょうし、②なら、冬山登山のような危険行為を楽しむなんてとんでもない、③に至っては、道徳や宗教観を持ち出し、子どもが親の延命拒否をするなんて親殺しも同然だと言いたくなるのです。

このように少数者の人権、「常識」から外れた行為は抑圧されがちです。だからこそ、人権として認められ、守られないといけないのです。

とはいえ、もちろん自己決定権にも問題はあります。

人間が社会的な動物である以上、他人や社会との関わり抜きでは生きていけません。そんな中で、自己決定なんて本当にできるのでしょうか？

また、自己決定したつもりであっても、実は選択肢そのものを自分以外の誰かに決められているということはないのでしょうか。それが何らかの政治的な意図などで狭められている可能性も、考えてみないといけません。

つまり、先輩に「今日のお昼ごはん、うどんかラーメン、どっちにする？」と聞かれたときに、「そばやパスタは？　あるいはステーキという選択肢はないの？」と、問い直してみることが重要だということです。誘った先輩がそばやパスタが嫌いなので、最初からその選択肢を除外して後輩に提示しているのかもしれません。
幸福に生きるための選択肢について、もう一度考え直してみてはいかがでしょうか？

●関連する条文

〈個人の尊重・幸福追求権・公共の福祉〉
第13条　すべて国民は、個人として尊重される。生命、自由及び幸福追求に対する国民の権利については、公共の福祉に反しない限り、立法その他の国政の上で、最大の尊重を必要とする。

真由美のひとこと

何が幸せかは、自分自身が決めることでそれを最大限尊重してもらいたいですなぁ。

みんなの疑問

はじまったマイナンバー制度、危険はないのですか？

（20代女性　会社員）

マイナンバー

国民全員に固有の個人番号が付されるマイナンバー制度。政府は、この制度によって行政の効率化がはかられ、国民の利便性も向上すると説明しています。2017 年 1 月からは、社会保障や税などの手続きにマイナンバーが順次必要になるそうです。個人への番号の通知は、2015 年秋からスタートしました。しかし、この制度に反対する人は多く、中には番号通知の受け取りを拒否する人も。この制度のどこが問題なのでしょう？

マイナンバー制度については いくつもの問題点が指摘されています。

「マイナンバーで何でも便利になる」と言うけれど……

2015年、国民全員が12桁のマイナンバーを持つマイナンバー制度がスタートしました。皆さんもすでに番号を通知され、勤務先へ届け出たり、銀行振り込みのときに番号の記入を求められたりしたことがあるかもしれませんね。

この制度、総務省のウェブサイトによると、「行政を効率化し、国民の利便性を高め、公平・公正な社会を実現する社会基盤」だそうです。特に、税や年金、雇用保険などの行政手続きのたびに必要だった添付書類が削減されることが、国民の利便性として強調されています。そのため、「社会保障と税の共通番号」制度と呼ばれています。

社会保障・税・災害対策における各種手続きなど、要するに、何でもかんでも、この番号で管理できるようにし、災害時の身元確認にも活用するとか。マイナンバーカードは、身元確認にも使えるそうです。また、将来的にはお薬手帳の役目をしたり、クレジットカードとも関連付けようという話も出てきています。よく、「情報というのは一元化されたほうがいい、などということを聞くことがありますが、本当にそんなにバラ色の制度なのでしょうか？

インターネットからの個人情報流出が日常茶飯事に起きている昨今です。ある人の情報を一つの番号で一元管理していると、いざ情報漏れが起きたらそのすべてが流出してしまうことにもなるのではないか、と不安になってきませんか？

また、国の財政が厳しい中、巨額の費用をかけてなぜいまこの制度を導入する必要があるのか？　という疑問もあります。そういえば、住基ネットカードはマイナンバー導入により廃止になるそうですが、この導入の際にも巨額の費用が投じられました。

さらに、プライバシーの問題が指摘されています。自分のすべての情報が、国や地方自治体などの行政機関に知られてしまう可能性がありえます。貯金額や、経歴、病歴、中には、人には知られたくないことだって含まれかねません。

この点から、法関係者の中には、マイナンバー制度に対して警鐘を鳴らしている人が少なくありません。

事実、改正個人情報保護法に基づき２０１６年1月に発足した、官民による個人情報保護制度の運用を監視する第三者機関「個人情報保護委員会」の、国会への年次報告によると、マイナンバー制度がスタートした２０１５年10月5日から２０１６年３月末までに、マイナンバー情報の漏えいや誤廃棄などが、地方自治体と民間で、計83件あったとされています。

このうち、地方自治体による漏えいが57件で、マイナンバーが記載された証明書の誤った送付がもっとも多く、29件に上りました。個人情報が何でも分ってしまうといっても過言ではないこの番号、自分のものが他人に誤って送られてしまうなんて、怖すぎますよね。

自分の知らないところで情報が使われてしまう？

まずは、プライバシーの権利について説明しましょう。

プライバシーの権利（Ｐ１０６）は、すでに説明してきた「幸福追求権」の中でも代表格とされるものです。特に、近年の情報化社会の進展から個人のプライバシー侵害を法的に規制するために提唱された権利です。

プライバシーと聞くと、私生活や何か秘密を想像するでしょうか？

Ｐ86でもすでに説明しましたが、そもそもは、19世紀末のアメリカでゴシップ誌が数多く発売されたことから最初に唱えられました。そのときには、プライバシー権の定義は「一人で放っておいてもらう権利」でした。また、日本の裁判所も「私生活をみだりに公開されないという保障」という定義をしていた時期もあります（１９６４年『宴のあと』事件　東京地裁判決）。

それが現在の高度に情報化された社会で、個人情報がインターネットなどを通じ簡単に行きかうようになると、さまざまな方法で集められた個人情報が自分の知らないところで使われることになりかねないのです。そこで、いまではプライバシー権は「自己情報コントロール権」としてとらえられるようになっています。

このようなプライバシーの権利を法律上保障するために、１９９９年に「行政機関の保有する個人情報の保護に関する法律」、２００３年には「独立行政法人の保有する個人情報の保護に関する法律」、「個人情報の保護に関する法律」を制定し、国や地方公共団体、企業などにより一層のプライバシーの保護を義務づけるようになりました。

こうした法律が成立したことにより、小学校のクラスの名簿すら配布されなくなったりしました。そこまでしなくてもいいのではないか、と思われるような制限を人々がやる一方で、本当に大切な情報は漏れていく、ということが起こっています。

マイナンバー、いまさらといわず、必要なのか否か、自分の出したくない情報は公に集められなくすることができないのか、皆さんもいま一度、考えて見ませんか？

●関連する条文

〈個人の尊重・幸福追求権・公共の福祉〉

第13条　すべて国民は、個人として尊重される。生命、自由及び幸福追求に対する国民の権利については、公共の福祉に反しない限り、立法その他の国政の上で、最大の尊重を必要とする。

真由美のひとこと

何でも詰め込む個人情報。
もし漏えいしたら
危険過ぎますよね。

第3章
男と女と憲法

みんなの疑問

お嫁にいったら、その家の人になるの？

（20代女性　アルバイト）

婚姻の定義

結婚するときに、よく使われる「お嫁に行く」という言葉。

花婿側の親が「うちの家に嫁が来る」と言うことも珍しくありません。姻時に男性側の姓を選ぶカップルが96％以上の日本では、結婚＝夫の家に入るという感覚を持つ人がいまだに多いようです。それは「男女平等」や、「両性の合意によってのみ婚姻は成立」をうたう憲法と矛盾していないのでしょうか？

嫁、家、入籍など、身近な言葉を改めて見直して。

女性は、父や夫の所有物だった!?

明治時代にできた大日本帝国憲法には、さまざまな不平等がありましたが、その中でも特に、男女間の不平等はひどいものでした。

女性には参政権はありませんでしたし、民法では女性は結婚するまでは父の、結婚してからは夫の所有物でしたから、法律上「無能力者」とされ相続権もありませんでした。

「三従の教え」という言葉を聞いたことがありますか？　昔の中国の教えで日本にも伝わって広まったものです。幼いときは父親に従い、嫁いだ後には夫に従い、老いてからは子に従うべき、という教えですが、これが法律で規定されていたのです。

刑法でいえば、姦通罪（いまでいう不倫、刑法旧１８３条）は、妻とその不倫相手が、夫から訴えられて処罰されることはありましたが、男性は相手が人妻でない限り、処罰されることはありませんでした。

民法や刑法をはじめ、そのほかの法律にも、女性に不利な規定はたくさんありました。それには、当時の男尊女卑思想と「家制度」が大きく影響していたからです。

戦後、1945年の衆議院選挙法改正によって、女性に選挙権・被選挙権が認められ、女性も政治に参画できるようになりました。

1947年に姦通罪は削除され、また同年、家制度（家、戸主、家督相続）が廃止され、妻の法律上の無能力に関する規定（旧民法14〜18条）が削除されました。

日本国憲法は、個人の自由を最大限に保障するとともに、平等ということについての原理も徹底し、憲法14条1項で「人種、信条、性別、社会的身分又は門地」による差別を禁止しています。

憲法13条と14条1項の規定を受けて、憲法24条は、婚姻の自由と夫婦同等の権利（1項）、家族生活における個人の尊厳と両性の平等（2項）を定めました。日本の最高規範である憲法が改正されたのですから、これに基づいて、女性を差別していた民法や刑法が改正されたり廃止されたりしたのです。

法律は廃止されたのに、生き続けている「家」

しかし、２０１６年の現在、つまり戦後70年以上たっても、皆さんの意識の中には、戸籍、冠婚葬祭、家族の扶養など、家族関係においては旧来の制度や慣習が存在し、男性はもちろんのこと女性も事実上はその慣習から、そして歴然と残る差別から自由になれていません。

憲法24条には「婚姻は、両性の合意のみに基づいて成立し」とあるのですが、例えば、「入籍する」という言葉は、男性側の籍（家族）に入るという意味で使われていることが多いですね。

けれど、カップルが新たな家族を作るときには、新しい戸籍を作るのです。なのに、なぜいまでも「嫁」という言葉が残っているのでしょうか？　現代的な意味で使っている人もいらっしゃるみたいですが、それならどうして男偏に家、という字はないのでしょうか？

家督相続は廃止されたのに、なぜいまでも長男が、家のお墓や、先祖を祀った仏壇の面倒を見なければいけないのでしょうか？

法律は廃止されても、皆さんの中の意識が、結局のところすっかりなくなっているはずのものを生き続けさせている、といえませんか。

2015年の年末、最高裁判所は、日本の戸籍制度が「選択的夫婦別姓」を認めていないことは憲法違反ではないという判断を下しました。

いまの民法では、婚姻（法律で結婚するという意味）をすると、「夫か妻の氏」（民法750条）になることを定めていますが、現実的には96％以上の女性が、男性の姓を名乗っています。すると、「『女性が男性の姓になることは当たり前』という意識が定着しているため『社会慣習上』認められている」と言われてしまうわけです。

でも、よく考えてみてください。

● なぜ女性が男性の姓を名乗るのでしょうか？

● 男性はなぜ女性の姓を名乗らないのでしょうか？　男性が姓を変えるのは「養子

に入る」ときくらいですよね。

●「夫と妻のそれぞれの姓」という、選択的夫婦別姓制度はどうして認めてもらえないのでしょうか？

国家法で、どちらかの氏にならないといけない、と法で定めているのは日本だけです。生まれてくる子どもがかわいそうだ、という人がいますが、先に子どもありきの議論は的外れです。なぜなら、そのカップルに子どもができるかどうかは誰にもわかりませんもの。また、その理屈でいえば、世界のほかの国の子どもたちは、父と母の姓が一致せずにかわいそうということになりますが、本当にそうなのでしょうか？

身近な話題だけに、何となくわかっているような気がして、議論をしてしまうことがよくあります。とっくになくなっている法制度が習慣になっていたり、「なんか変だ」と思いながらも受け継いでいたりすることもありますよね。

だからこそ、一度立ち止まって、よく考えてみてくださいね。

●関連する条文

〈個人の尊重・幸福追求権・公共の福祉〉

第13条　すべて国民は、個人として尊重される。生命、自由及び幸福追求に対する国民の権利については、公共の福祉に反しない限り、立法その他の国政の上で、最大の尊重を必要とする。

〈法の下の平等、貴族制度の禁止、栄典の限界〉

第14条　すべて国民は、法の下に平等であつて、人種、信条、性別、社会的身分又は門地により、政治的、経済的又は社会的関係において、差別されない。

〈家族関係における個人の尊厳と両性の平等〉

第24条　婚姻は、両性の合意のみに基いて成立し、夫婦が同等の権利を有することを基本として、相互の協力により、維持されなければならない。

2　配偶者の選択、財産権、相続、住居の選定、離婚並びに婚姻及び家族に関するその他の事項に関しては、法律は、個人の尊厳と両性の本質的平等に立脚して、制定されなければならない。

真由美のひとこと

「家」ってなんでしょうね？女偏に家と書いて「嫁」ですが、憲法にも民法にも「家」はもう出てこないんですけどねぇ。

みんなの疑問

どうして同性だと結婚できないの？

（20代男子　大学生）

性的マイノリティの人権

現在の婚姻制度は、同性での結婚を認めていません。このため、同性のパートナーを持つ人々は、自分たちの関係を法的に証明できず、お互いの相続人になれない、などの問題が生じていました。

そんな中、２０１５年11月に、東京都渋谷区と世田谷区で、同性カップルが婚姻に準じた関係にあることを証明する書類の発行をはじめました。同性婚をめぐる日本の状況はどうなっているのでしょうか。また世界の動きはどうでしょうか。

性的マイノリティの人権問題について考える

「なぜ？」と言われても答えられない性自認・性的指向

「性別は何ですか？」と聞かれて、すぐに答えられますか？

この質問の意図は、自らを男と考えるか女と考えるか、つまり、性自認（自分がどちらの性であるか認めること）が何かを問うています。

次に、あなたが「好きになって性的な関係を持ちたい人はどちらの性の人ですか？」と聞かれたらどうでしょう？　これは、あなたの性的指向、つまり性的な関心や親密な関係性への期待が、どちらの性に向かっているのかを聞いています。

これらの質問に、ためらいなく堂々と答えられるあなたは幸せな人です。でも世の中には、すんなりと答えることのできない人たちがいます。そのことについて、考えてみましょう。

ＬＧＢＴという言葉を聞いたことがあるでしょうか？

Ｌ：性自認が女性で性的指向が女性である人を指すレズビアン
Ｇ：性的指向が同性である人を指すゲイ
Ｂ：性的指向が男女両性である人を指すバイセクシュアル
Ｔ：体の性とは異なる性自認を持つトランスジェンダー（日本では性同一性障害とも呼ばれています）

の、それぞれの頭文字をとった言葉です。
これは、性的マイノリティ（少数者）を意味する言葉として社会で使われはじめていますが、すべてを表せているわけではありません。性的マイノリティには、身体の性別が男か女かを判別できない状態にある人を指すインターセクシュアル（ＩＳ）や、何者かまだ決めていないクエスチョニング（Ｑ）などもあります。

私は性自認が女性で、性的指向は男性に向いており、男性と結婚しました。ヘテロセクシュアル（異性愛）で性的マジョリティ（多数者）の一人です。

その私の大切な友人に、ゲイの男性がいます。約15年前に、彼からこんな言葉を投げかけられたことがあります。「なんできみは、男性が好きなの？」と。

私は「なぜ男性が好きなのか？」という疑問を持ったことがありませんでした。

そのまま伝えたところ、

「うん、そうだろうね。でも僕もそうだった。気がついたら男性が好きだった。だけど、僕らがカミングアウト（自分の抱えていることを他者に告白すること）したら、『なんで？』って聞かれる。けど、答えられないよね、気がついたら、そうだったんだから」

「普通」と呼ばれるマジョリティが普通だと思っていること、常識という言葉で片づけてしまうことを、ちゃんと説明しないとわかってもらえないマイノリティの人たちがいるのだということに、このときはじめて気がつきました。法律だ、人権だと勉強しながら、こんな大切なことをきっちり認識できていなかった自分の傲慢さを、ガツンとやられた気がしました。

2006年に自殺対策基本法が制定されました。これに基づく自殺総合対策大綱が2012年に改正され、自殺のハイリスク層として、初めて法律に「性的マイノリティ」という文言が入り、教育現場での支援等を掲げることになりました。自分の性が理解されないということで、自分の命を絶つ人がいることの重要性がようやく認識されつつあります。

では、私たちに何かできることはあるでしょうか?

世界では当たり前になりつつあるLGBT、日本では……

世界的な歴史を見ても、性的マイノリティは抑圧と差別の対象となってきました。それはいまでも続いています。

2014年にソチオリンピック開催国となったロシアは、2013年6月に18歳未満の青少年に同性愛をPRすることを禁ずる、同性愛宣伝禁止法を成立させました。

そのことに対して、世界各国からは続々と非難の声明が出されました。

EU諸国やアメリカ首脳はソチオリンピックの開会式を欠席し、ドイツチームが性的マイノリティを表すレインボーカラーのユニフォームで登場し、ドイツ代表としてロシアに抗議したことが世界中の話題となりました。

また、大手検索サイトＧｏｏｇｌｅは、開会式当日のトップページをレインボーカラーにして「すべての個人はいかなる種類の差別もなく、オリンピック精神によりスポーツを行う機会を与えられなければならない」というオリンピック憲章を掲載しました。

２０１６年現在、オランダ、ベルギー、スペイン、カナダ、南アフリカ共和国、ノルウェーなどは同性婚を認めています。またアメリカも州によって認めているところがあります。ドイツなどは、同性カップルに、扶養、財産、税金などについて、法律上の婚姻をしたのと同様の法的権利を認めるパートナーシップ制度を採用しています。

また、フランスのパックス法や、アメリカのいくつかの州などが採用するドメスティック・パートナーシップ制度は、異性同性を問わず、一緒に住んでいるけれども、法的なパートナーシップ関係にはない（例えば、婚姻関係にはない）人たちの関係に対して、婚姻カップルに類似した法的地位と権利を認めています。

さて、日本ではどうでしょうか。

日本国憲法24条には、「婚姻は、両性の合意のみに基いて成立し、夫婦が同等の権利を……」とあります。つまり、男女間の婚姻しか認められていません。

「両性」は男性と男性、女性と女性ではダメですか？

夫婦は夫夫、婦婦ではダメですか？

ダメだとしたら、それはなぜですか？

同13条には、「すべて国民は、個人として尊重される。生命、自由及び幸福追求に対する国民の権利については、公共の福祉に反しない限り、立法その他の国政の上で、最大の尊重を必要とする」とあります。性的マイノリティであることで、公共の福祉に何がどう反しているというのでしょうか？

いくら言葉を並べても、ここには感情的で差別的な視点があるといえませんか？

確かに、日本国憲法制定時の約70年前には、同性カップルは想定されていなかったかもしれませんが、いまそれをもって差別をし続けるのは、憲法の趣旨に合致することなのでしょうか？

未だ国家法では、同性カップルの婚姻が認められていないため、自治体単位で同性同士のカップルのパートナーシップを公認する動きが出てきています。

２０１５年３月には全国に先駆けて東京都渋谷区で「同性パートナーシップ条例」が成立、これに基づいて同年11月５日から「パートナーシップ証明書」が公布されるようになりました。パートナーシップ証明書は、同性婚とは異なり、戸籍に関わるものではありませんが、住宅の契約や、通院や入院に際し、夫婦のような関係性が実生活において認められるものとされています。東京都世田谷区や兵庫県宝塚市などにも同様の制度があります。

あなたの性が認められて当然に結婚できるのだとしたら、他の人にもそれが認められて当然ですよね。同性同士が結婚できない合理的な理由はないと思いませんか？

●関連する条文

〈個人の尊重・幸福追求権・公共の福祉〉

第13条　すべて国民は、個人として尊重される。生命、自由及び幸福追求に対する国民の権利については、公共の福祉に反しない限り、立法その他の国政の上で、最大の尊重を必要とする。

〈家族関係における個人の尊厳と両性の平等〉

第24条　婚姻は、両性の合意のみに基いて成立し、夫婦が同等の権利を有することを基本として、相互の協力により、維持されなければならない。

真由美のひとこと

早くできるようになればいいな、と私も思っています。

みんなの疑問

電車のなかでアダルトサイトを見てもいいんですか？

（女子　中学生）

見たくない権利

駅や電車内などの公共の場にあふれる男性週刊誌の煽情的なグラビアや、胸や腰を強調したいわゆる萌え系のイラスト。インターネットのサイトにはアダルト系の広告が自動的に表示され、動画サイトのポルノには、誰でも容易にアクセスできます。否応なく子どもたちの目に触れるこうした画像や動画が、青少年の育成上、悪影響を与えるのではないかと心配する声があります。その規制とは、どうあるべきなのでしょうか。

表現の自由と、わいせつや「嫌ポルノ権」がかかわる問題です

そもそも「わいせつ」って何？

日本では、性表現に関しての規制は、わいせつな文書や図画などの頒布、販売、公然たる陳列、販売目的での所持を処罰の対象としている刑法175条が、憲法21条の表現の自由とぶつかってきました。そこでは、わいせつな文書は規制が必要なのかというよりは、わいせつとは何か、そして、わいせつの判断基準は何かという議論がなされてきたのです。

それでは、わいせつな文書とは何をさすのでしょうか？

日本では、D・H・ロレンスの名作『チャタレイ夫人の恋人』の翻訳本を出版する際に「待った」がかかりました。これが裁判になり、1957年に出た最高裁の判決

で定義がなされました。

わいせつとは、

①むやみに性欲を刺激し
②普通の人の正常な羞恥心を害し
③善良な性的道義観念に反するもの

とされました。もう60年近く前に出された判決ですが、いまでも主要な判例として権威を持っています。ちなみに、①と②は人々がどう感じるのかではなく、社会常識を代表する裁判官が判断するといっています。

この判決の中で、裁判所は「社会を道徳的な頽廃から守らなければならない」と言っています。その後も、１９６９年のマルキ・ド・サド『悪徳の栄え』事件で最高裁は、わいせつであるかどうかは、作品の持つ芸術性・思想性およびその作品の社会的価値との関連において判断すべきという反対意見も示しながらも、最終的にわいせつであると判決。また、1980年の永井荷風『四畳半襖の下張』事件の最高裁判決は、芸術性が高ければわいせつ性が弱まるという判断をしながらも、やはりわいせつという判決を下しました。

表現の自由というのは、憲法の人権の中でも重要度の高い人権といわれています。難しい言葉では、「表現の自由の優越的地位」と言いますが、例えば経済的自由などに比べて重いとされています。憲法の人権の中にも、こっちのほうが重いとか軽いとかあるんですよ。

表現の自由が重い、つまり重要とされているのには、主に3つの理由があります。

①人間にはコミュニケーションをしたいという欲求があるので、むやみに規制するとこの欲求を否定することにつながる

②多様な意見が自由に発表され、人々がそれらについて自由に批判したり意見を言ったりする場が保障されてはじめて、社会が進歩すること

③民主主義が成立するためには、表現の自由は必須の人権であり、特に少数意見を発表しにくくしてしまうと民主主義が成立しているとはいえなくなること

ポルノを見せるな！　の「嫌ポルノ権」

国家がエロスを規制しようとするときは要注意ですが、だからといって何でも無規制であることがいいともいえません。

当時もいまもそうですが、最高裁の裁判官も、法学会も男性が中心で、ポルノグラフィなどの対象とされた女性の視点はほぼありませんでした。だからこそ、対象物とされた者たちへの人権侵害があるのかないのかという視点ではなく、「憲法の表現の自由から見るとわいせつ」だからといって取り締まるわいせつ物頒布罪（刑法）の議論に終始してきたともいえます。

ポルノは、一般に性を露骨に描写した文学・映画・写真等の作品やその描写を指すもので、それらを通じて女性を従属させるような表現の多い素材といえます。

朝から満員電車の中で女性が裸、またセックスを思い起こさせるポーズを取ってい

る写真が掲載されているスポーツ新聞や雑誌を広げていたオッサンを見て、心底アホやな、キモイなと思った高校生時代を思い出します。「ええオトナが恥ずかしくないのかな」「そんなもの、公衆の面前で広げるものか?」と。

電車の中でこうした新聞や雑誌を見ている人は少なくなりましたが、最近では、恐るべきことにスマホでアダルト動画を観ている人もいます。隣に座ったときに、たまたま目に飛び込んできてしまい、イヤだなあ、と思ったことはありませんか?

雑誌のつり広告の、男性に媚びたような水着姿とも下着姿ともいえる女性の姿を目にしたときに、同じようにイヤだなあと思いませんか?

私は、大人が犯罪的なものや、誰かを踏みにじるような暴力的なものではなく、一人で楽しむ、もしくは合意を得た相手とのエロスを楽しんでいることは全く否定しません。エロスは大切です。しかしそれは、不特定の人前や、公衆の面前で見るようなものではないでしょう。だって、嫌な人がいるかもしれないのですから。

最近は、「嫌ポルノ権」とし、ポルノを見たくない者の権利から、ポルノの規制を求める議論があります。

●関連する条文

〈集会・結社・表現の自由、検閲の禁止、通信の秘密〉

第21条　集会、結社及び言論、出版その他一切の表現の自由は、これを保障する。

2　検閲は、これをしてはならない。通信の秘密は、これを侵してはならない。

真由美のひとこと

規制する法律はありませんので、アホなやっちゃと軽蔑するしかありません。

みんなの疑問

チカンが怖くて、毎日ビクビクしながら電車に乗っています。狙われやすい私がいけないのでしょうか？

（10代女子　高校生）

日本の性犯罪

「チカンあかん」「チカンは犯罪」というポスターが駅に貼られても、一向に減る気配がない車内の痴漢。あるデータによると、女子にとっての初めての性的接触の６割が痴漢行為によるものだそうです。多くの被害者が苦しんでいるのに、痴漢行為はともすれば「大したことない」と捉えられ、対症療法であるはずの女性専用車には、逆に「男性差別」という批判の声があがったりします。痴漢問題は、本当に女性だけの問題なのでしょうか。

痴漢問題の背景には、日本の根強いジェンダー差別があります

個人の性的自由は保護されるべきもの

日本国憲法14条は「すべて国民は、法の下に平等であって、……性別……により、政治的又は経済的、社会的関係において、差別されない」と定めていますが、刑法の性犯罪に関する規定を見ていると、この趣旨が貫かれているとは思えないことがたくさんあります。

大日本帝国憲法は封建的な「家制度」が基礎にあり、個人の利益よりも、国家・社会の利益を重視するという考え方でした。刑法はこの大日本帝国憲法のもとで、明治40年に制定されましたので、封建的な考え方が反映されています。

刑法22章は「わいせつ、姦淫及び重婚の罪」という章ですが、明治時代にできたときには、性的秩序という社会の利益を保護するというのが目的でした。つまり、性犯

罪から女性や男性を守ろうという意識ではなく、あくまで国家や社会の性秩序を乱さないということに力点がおかれていたのです。

第二次世界大戦後、日本国憲法になってからは、個人の尊厳や男女の基本的平等を重視していますから、そのもとで刑法の姦通罪が廃止され、強制わいせつ罪（刑法176条）や強姦罪（刑法177条）に関しては、個人の性的自由を保護するものと捉えられるようになりました。

それでも、未だに社会の中で性暴力は多数発生していますが、交通事故のような正確な数を把握することは非常に困難です。なぜなら、強姦罪や強制わいせつ罪というのは、親告罪と言って、被害者本人かその法定代理人（例えば弁護士）による告訴（まず警察にいって刑事事件として訴えること）がないと、捜査は開始されません。ひき逃げの交通事故であれば、被害者が訴えなくても警察は捜査をはじめますが、この点が大きく違うのです。

実際のところ、性暴力の被害にあった人のうち、警察に相談に行く人はごくわずかです。しかも警察に相談に行ったとしても、刑法上の性犯罪にあたらないとされることも多くあります。

また、警察の対応も数年前に比べるとよくなったとはいえ、「証拠は？」と聞かれて出せなかったり、顔見知りによる犯行などの場合には被害の内容をまともに聞いてもらえなかったりして、警察でさらに精神的な苦痛を受ける二次被害（セカンドレイプ）を受けることがあり、告訴に至らないことも多いといいます。

内閣府が出している「平成26年度　男女間における暴力に関する調査」によると、女性の15人に１人は、無理やり性交（セックス）をされた経験があり、加害者は交際相手や元交際相手が約３割、夫や元夫が約２割となっています。そして、被害者の約７割はどこにも相談していません。相談した被害者のうち約２割は友人に相談していますが、警察や医療関係者への相談はあわせて、0・6割（６％）しかありません。このことから、いかに親告罪というものが、性犯罪を表ざたになりにくくしているかおわかりになるでしょう。

勇気を出して被害者が告訴をしても、強姦罪が成立するためには、「被害者が最大限の抵抗、もっといえば死ぬほどの抵抗をしたにも関わらず、それでも屈服してしまうほどの強い暴行や脅迫が行われて、性交が行われたこと」の証明が必要とされてきました。けれど、ほかの犯罪はどうでしょうか？

例えば殺人にしても傷害にしても暴行にしても、このような抵抗が必要とされることはありません。なぜ、強姦罪だけが激しい抵抗が必要とされるのでしょうか?

ここにはジェンダー差別があります。女性には貞操義務があり、それを守るためには死ぬほど抵抗するものであり、暴行や脅迫に簡単に負けるような貞操は保護するほどのものではない、という根強い考え方があるのです。

このことは、強姦の被害者に対して「あなたにも落ち度があったのではないのか」という非難にもつながります。これは「強姦神話」と呼ばれ、「被害を受けたのは真剣に抵抗しなかったあなたにも落ち度があったのだ」と決めつけられることにより、被害者はセカンドレイプを受け、辱められるのです。

強姦罪そのものにも、いろいろな問題点があります。男性が被害者として想定されていないのも、明治時代のままの思想が根底にある規定だからですね。

痴漢撲滅は、男性にとっても大切なこと

痴漢犯罪についても同じようなことがいえます。

痴漢は強制わいせつ罪や迷惑防止条例などに問われますが、被害者にも落ち度があるのではないかといわれることがあります。痴漢＝冤罪のような単純な発想をする人も多くいます。

冤罪が一番多いのは軽犯罪であり、痴漢ではありません。確かに冤罪のケースがないとはいいませんし、それについてはきちんとした対処がなされなければなりません。だからといって、痴漢のほとんどが冤罪のような言われ方は間違いですよね。

また、女性専用車両について「逆差別ではないか」と不満をぶつける男性も多いですが、そもそも痴漢に悩まされる女性が多いからこそ、その対症療法として登場したのが女性専用車両です。しかし、女性専用車両ではこの世から痴漢を撃退することはできません。本来、目指すべきは痴漢がいなくなることです。そうすれば、あらぬ疑いをかけられる男性も減りますし、女性専用車両の必要もなくなるのです。

男性には、もっと性犯罪を自分のこととして考えてもらいたいのです。

もちろん、女性が自分で自分の身を守ることは大切です。けれど、男性が大切だと思う女性が性被害にあい、そのトラウマから男性と親密な関係を築くことができなくなっていたら？　と考えてみたらどうでしょうか？

本気で痴漢撲滅や性犯罪に向き合う男性、女性の辛さに寄り添い、自分の問題として一緒に立ち向かってくれる男性、カッコいいですよね。そんな男性がモテる時代が来てほしいし、きっとそこまで来ていると私は願っています。

もう一度言いますが、被害者であるあなたには、なんの落ち度もありませんよ。

●関連する条文

〔法の下の平等、貴族制度の禁止、栄典の限界〕

第14条 すべて国民は、法の下に平等であつて、人種、信条、性別、社会的身分又は門地により、政治的、経済的又は社会的関係において、差別されない。

真由美のひとこと

悪いのは痴漢です。女性がなにを着ていようと、どんな態度を取ろうと、痴漢をしていい権利も自由もありません！

みんなの疑問

パートに出たいのですが、主人に「お前なんか無理」と言われてしまいました。

（30代女性　主婦）

モラハラ・ＤＶ

生活費や子どもの塾代の足しに、自分の生きがいのためにと、パートに出る主婦はたくさんいます。しかしこのとき、「自分が稼いで家族を食わせてやっている」という自意識が高い夫から、「オレの稼ぎでは不満なのか」「お前に仕事なんかできっこない」などと言われることがあります。これがエスカレートして、生活費を渡さなかったり、ＤＶにいたるケースもあるようです。

主婦には、自分の人生を自分で決める権利はないのでしょうか？

夫婦の間の主従関係が、DVを生む土壌になっています

日本国憲法に男女平等をもたらしたのは、22歳の女性

日本国憲法になって14条、そして24条ができたにも関わらず、相変わらずまだまだ多くの人は、「一家の大黒柱」とか「夫が妻や子どもを食わせるもの」とか「男は仕事、女は家庭」という言葉にとらわれているとともに、意識の中にそうした思考が根強く残っていますね。憲法ができて70年近くたとうとしているというのに、どこが根っこかわからないくらい性の不平等というのは根深い問題なのだと実感します。

そういうふうに考えると、まだ大日本帝国憲法があった敗戦直後の日本で、よくぞ性の平等や、婚姻生活における両性の平等という規定が入ったと思いませんか？

このことには、日本国憲法誕生の奇跡とでもいえることがあったのです。奇跡の立役者は、ベアテ・シロタ・ゴードンさん。当時弱冠22歳だった彼女が、もしＧＨＱの

日本国憲法草案作成に従事していなければ、24条はなかったといわれています。

ベアテさんは、父親のレオ・シロタさんが音楽の教授として日本の大学に招聘されたことから5歳の頃に来日し、15歳までの10年間を日本で過ごしました。そこで見聞した日本女性のきわめて不平等で差別的な状況を改善したい、という強い情熱を持っていました。

日本政府とＧＨＱ側との会議でも通訳として参加していたベアテさんは、敗戦後の東京を駆けまわり、非常に短期間のうちに、図書館からワイマール憲法、ソビエト憲法など各国の憲法を探してきて参照し、10か条あまりを起草しました。

これが24条のもとになったのです。

日本国憲法に関するやりとりの記録を見ると、ベアテさん起草の部分をめぐって、日本政府は「日本には、女性が男性と同じ権利を持つ土壌はない。日本女性には適さない条文が目立つ」と主張しています。

これに対して、ＧＨＱ側のケーディス大佐（民生局次長）は、

「この条項は、日本で育って、日本をよく知っているミス・シロタが、日本の女性の

立場や気持ちを考えながら一心不乱に書いたものです。悪いことが書かれているはずはありません。これをパスさせませんか?」

と問いました。すると、日本側も、

「シロタさんが書いたんですか? それじゃあ、ケーディス大佐のおっしゃる通りにしましょう」

となった、という記録が残っています。これは、ベアテさんが大変丁寧で、日本のこともよく理解した通訳をしていて、日本側の信頼をすでに得ていたから成し得たことといえます。

こうして、憲法24条が成立したのです。この話は、戦後50年の1995年にはじめて公開されたもので、大学生だった私は震えるほどの感動を覚えました。当時の私とほぼ同い年だったベアテさんによってもたらされた条文だったと思うと、ちゃんとその意思を引き継がないといけない、と意気込んだものです。

改めて、ベアテさんが問題だとした日本女性の不平等で差別的な状況を考えてみましょう。法的にも改善されていないところが多々ありますが、私たちの意識の中にも、まだまだ根深く残っている古い考え方のために、まかり通っている不平等があると思いませんか？

妻への暴言もDV

もともと、「法は家庭に入らず」という原則があります。「夫婦喧嘩は犬も食わぬ」という言葉もあるように、かつては非常に暴力的な仕打ちを受けていても、警察が介入してくれることは、ほぼありませんでした。そんな中で、夫からの暴力で妻が死に至るケースも少なくありませんでした。

社会的な状況の後押しもあり、ＤＶ防止法（配偶者からの暴力の防止及び被害者の保護等に関する法律）が制定されたのは２００１年のことです。それまでは「夫婦喧嘩でしょ」と片づけられていた問題が、ＤＶ（ドメスティック・バイオレンス＝親しい間柄にある人から受ける暴力）と認識されたことは画期的なことでした。

しかし、ＤＶ防止法ができても、ＤＶはむしろ増加傾向にあります。実際に増えたという見方もできますし、ＤＶという言葉が社会的に認識されたことによって、「これはＤＶでは？」と思う人が増えたことも一因でしょう。最近では、「デートＤＶ」という言葉も知られるようになり、恋人から受ける暴力の問題も認識されるようになってきました。

さて、では暴力とは何でしょうか？　もっとも簡単にいえば、「他者を支配しようとすること」からはじまります。だからこそ、自分の思う通りにパートナーが行動しないと、無視したり、言葉で罵ったり（心理的攻撃）、殴ったり、蹴ったり（身体的暴行）、生活費を渡さなかったり（経済的圧迫）、レイプ（性的強要）をしたりするのです。

前出の内閣府の「男女間における暴力に関する調査」によれば、配偶者からいずれかのＤＶの被害を受けたことがあると回答した割合は約２割です。男性の被害者もいます。

最初の問いに戻りましょう。

「オレの稼ぎに不満を言うな」「お前には仕事なんか無理」と言うのも、外に出ようとする妻を閉じ込めたりするのもＤＶです。また、妻が収入を得ようとするのを妨害するのもＤＶです。

経済的な自立は自信につながりますし、精神的な自立にもつながります。いざというときのためにも、女性も働いて自分で使えるお金を持っておくことが大切です。あなたがパートに出たいのなら、出ましょう。出たらええんです。
まずは、「主人」という言葉をやめてみませんか？　その言葉そのものが、無意識のうちに「主」と「従」の関係を生み出しているのかもしれません。

●関連する条文

〈法の下の平等、貴族制度の禁止、栄典の限界〉
第14条　すべて国民は、法の下に平等であって、人種、信条、性別、社会的身分又は門地により、政治的、経済的又は社会的関係において、差別されない。

〈家族関係における個人の尊厳と両性の平等〉
第24条　婚姻は、両性の合意のみに基いて成立し、夫婦が同等の権利を有することを基本として、相互の協力により、維持されなければならない。

2　配偶者の選択、財産権、相続、住居の選定、離婚並びに婚姻及び家族に関するその他の事項に関しては、法律は、個人の尊厳と両性の本質的平等に立脚して、制定されなければならない。

真由美のひとこと

配偶者を「主人」と呼ぶのをやめてみては?
婚姻関係に「主」と「従」はありません。

みんなの疑問

戸籍のない人がいるのはどうしてですか？

（40代男性　会社員）

再婚禁止期間と無戸籍問題

子どもが生まれたら、自治体に出生届を出すことにより戸籍が作られます。ところがこの届け出ができずに、戸籍を持たないままの人がいます。戸籍がないと、学校に通えない、パスポートや銀行口座がつくれない、結果的に就職できないなど、日常生活に大きな支障をきたします。なぜこのようなことが起こるのでしょうか。

無戸籍者ができる理由とされている「離婚後300日問題」と、民法772条の「嫡出推定」とは何でしょうか。

時代にそぐわない民法の不備が無戸籍者を生み出しています

6カ月再婚禁止の根拠って何？

【婚姻の定義】（P126）のところでも書きましたが、2015年12月に最高裁は夫婦同姓（民法750条）と再婚禁止期間（民法733条）についての判断を下しました。このうち、夫婦同姓については憲法違反と認められず、再婚禁止期間については憲法違反が認められました。

民法733条1項は「女は、前婚の解消又は取消しの日から六箇月を経過した後でなければ、再婚をすることができない」という規定ですが、なぜ女性だけに6カ月という再婚禁止期間が設けられているのでしょうか？　民法も明治時代にできていますので、そのときにさかのぼって話をしないといけませんね。

しつこいようですが、明治時代の大日本帝国憲法のもとでの家族観は「家制度」に支えられており、男尊女卑、長男の家督相続、姦通罪などが存在していました。

その当時、「父」というのは絶対的な存在で、いなければ「父なし子」として差別の対象となりました。そのため、離婚をしても、父なし子にしないために、その時点でもし妊娠していたらその子どもは前夫の子どもとして保護しましょう、また父親は誰かをはっきりさせるために、妊娠しているかどうかがわかるまでの6カ月間は他の男性と結婚してはいけない、と規定したのです。

つまり、当初は、女性と子どもを保護するための制度だったのです。

とはいえ、憲法から家制度が姿を消した今、未だに再婚禁止期間が女性だけにもうけられていることは、何の説得力もありませんね。

ようやくこの規定が違憲だという判決が出たので、これで女性のみの再婚禁止期間は廃止されるのかと思いきや、なんと政府は「現在の180日から100日にしてはどうか」と言い出しました。

そして2016年6月1日、女性の再婚禁止期間を離婚後6か月から100日に短縮し、離婚時に妊娠していなかった場合や離婚後に出産した場合など、「子どもの父は誰か」という推定が必要ない場合は、すぐに再婚できるようにする民法733条の改正が、参院本会議で全会一致で可決、成立しました。そして、3年をめどに見直しを行う付則も加えられました。そもそも100日であったとしても、女性のみに再婚禁止の期間があるということ自体が差別的であるということが、もっと社会で認識されないといけないのではないかと考えます。

日本で無戸籍に苦しむ人は1万人以上！

大日本帝国憲法から日本国憲法に改正されたときに、憲法の趣旨も変わり、性の平等や婚姻における両性の平等が規定されたのですから、本来は刑法も民法も丁寧に改正作業が行われなければならないはずでした。しかし、まずは憲法制定に重点がおかれ、刑法や民法では、その憲法と明らかに矛盾していると思われる大きなものだけが改正されました。

そして、人々の意識の中には依然として「家制度」は存在しており、女性の再婚禁止などについては「当たり前だ」という意識が強くありました。

この、女性の保護や子どもの保護といった観点で存在したのが、民法772条の嫡出の推定という規定です。まず1項ですが、「妻が婚姻中に懐胎した子は、夫の子と推定する」とあります。

ここ、世の中のお父さん、よく読んでくださいね。

お父さんというのは、子どものお母さんと婚姻関係にあるから、父と推定されるのですよ。お母さんというのは、法的には子どもを出産した人のことを指しますから、日本だと代理母などの話にしても遺伝学上の母ではなく、産んだ人を母と認定します。

これは、タレントの向井亜紀さんと元プロレスラーの髙田延彦さんご夫妻の2007年の最高裁の判例として有名です。向井さんと髙田さんご夫妻は、お二人の受精卵をアメリカ在住の代理母の胎内で育ててもらい、双子のお子さんが誕生しました。アメリカでは向井さんが母だと認められましたが、日本では民法の規定があるために向井さんは母とは認められず、遺伝学上のお子さんたちは、向井さんと髙田さんの養子となりました。

2項の「婚姻の成立の日から二〇〇日を経過した後又は婚姻の解消若しくは取消しの日から三〇〇日以内に生まれた子は、婚姻中に懐胎したものと推定する」という規定が、多くの戸籍のない人を生み出してきました。

この問題に深くかかわっている「民法772条による無戸籍児家族の会」代表の井戸まさえさんによると、日本には1万人以上の無戸籍の人がいると推定されています。無戸籍になる理由はさまざまなので、なぜ無戸籍の人がいるのか？　という問いには簡単に答えることができませんが、原因の一つが法の不備であることは間違いありません。現行の民法で、再婚禁止期間は6か月、つまり180日です。けれど、離婚してから300日以内に生まれた子どもは、前の夫の子どもと推定されるのです。

前夫と離婚して300日以内に生まれたということは、前の婚姻中にすでに妻が夫以外の男性と不貞関係を持っていたのだということになるとして、世間から激しいバッシングが起きています。なぜ、そんなバッシングが起こるのでしょうか？

例えば、前夫による激しいDVで逃げて何年も経過し、なんとか離婚が成立したケースについて考えてみましょう。離婚成立後300日以内に子どもが生まれた場合、出生届には両親それぞれの住所を書かなければいけません。それまでDV夫に見つからないように必死に隠れていたのに、前夫に居場所を知られてしまうことになります。

そして、何年も離れていたにもかかわらず、生まれた子の父親が前夫となってしまいます。そうしたことを避けるため出生届を出さなかったというケースが多くあります。

いろいろな知識があって闘う術がある人はなんとかなるかもしれませんが、無戸籍として生まれ、義務教育すら受けていない場合も少なくありません。成人してからも、身分証明書がないために銀行口座も開くことができず、働く場所も限られ、お給料も低く、常に貧困や暴力と隣り合わせで生きている人たちが、現代の日本にたくさんいらっしゃるのです。

この民法772条は、かつては女性や生まれてくる子どもの保護を目的とする規定だったのかもしれません。しかしそれが現代では、逆にそれがあるために差別的なことが起きてしまっています。それでもこの規定、まだ必要なのでしょうか？

●関連する条文

〈家族関係における個人の尊厳と両性の平等〉
第24条　婚姻は、両性の合意のみに基いて成立し、夫婦が同等の権利を有することを基本として、相互の協力により、維持されなければならない。

2　配偶者の選択、財産権、相続、住居の選定、離婚並びに婚姻及び家族に関する
その他の事項に関しては、法律は、個人の尊厳と両性の本質的平等に立脚して、制定
されなければならない。

真由美のひとこと

法の不備、そして法律を作る人たちの怠慢ですわ。

第4章
世界と日本と憲法

みんなの疑問

外国資本に買われた島は、日本の領土ではなくなるの？

（20代男性　大学生）

土地と領土

2012年9月11日にそれまで私有地であった尖閣諸島の3島（魚釣島、北小島、南小島）が、日本政府に20億5000万円で購入され国有化されました。それによって、日中関係にさまざまな問題が生じたことは、まだ記憶に新しいことと思います。また、領有権をめぐって「島の土地所有権がもし外国資本の手に渡ったら、日本は領土を失ってしまう」という不安の声があがりました。

では、反対に外国の土地の所有権を日本資本が手に入れたら、その部分は「日本国の領土」になるのでしょうか？　国土と領土、そして所有権はどう関連しているのでしょうか？

「土地」と「領土」、「国家」と「所有権」を整理して考えましょう

国家は、領域・人民・政府そして他国と関係を取り結ぶ能力からできている

土地の話をする前に、そもそも国家とは何かということについて考えてみないといけませんが、これには国際社会の法である国際法も絡んでくることになります。国際法を説明するのはなかなか難しいことで、国際社会っていったいどんな社会なのか、実は定まっていないのです。

国際社会とは、一般的に主権国家つまりどこの国からも支配されていない独立国が集まって成り立っている社会というように考えられており、「国際法は原則として国家間の関係を規律する法」であると説かれてきましたが、それでは説明のつかない事態や例外が急増しています。

それは、より社会が、ひいては国際社会が複雑になってきたからだといえます。国家以外にも、例えば国際赤十字に代表されるようなNGO（非政府組織）などが世界に大きな影響力を持つ例も増えてきました。

さて、国家とは何でしょうか？

国家が成立する要件として、一番伝統的で簡単な説明は、「領域・人民・権力」があることとされています。現在では、「明確な領域・永久的住民・政府・他国と関係を取り結ぶ能力」の４要件があげられることが多いです。

つまり、一定の範囲の領域（陸地）、つまり「領土」の上に、一定の数の住民が住み続け（世代交代は有）、そしてそこには統治機構としての政府があって、他の国家との外交関係を結ぶことができる能力（外交能力）がある、というのが、国際法上の国家とみなされる条件です。

また、国家は、自分の国の領域内において包括的な主権を持ちます。この主権という概念も非常に難しいのですが、国家がその領域内で持つ、排他的かつ最高の権力といえます。これが、国際法上国家が有するもっとも基本的な権利です。主権国家同士は経済的に裕福か、領域が広いかに関係なく平等だ、という原則があります。

さらに、最近では国家として認められるには、適切な方法で国家が成立したのかという「正当性」も必要だという主張もあります。

ＩＳは国家なのか？

ＩＳを例に考えてみましょう。

ＩＳは、２０１４年6月末に「イラク・シリア・イスラム国（ＩＳＩＳ）」が国家の樹立を宣言して「イスラム国（ＩＳ）」と名乗るようになりました。

ここで先ほどの国家の成立要件から追って考えてみましょう。ＩＳの目的は、イスラム圏を統一し、イスラム法に沿った国家を設立することだといいます。国際武装組織・アルカイダと違うのは、ＩＳには、領土取得の目標があり、社会構造をつくる意思もあることです。２０１６年3月末現在、イラクとシリアのかなりの地域を事実上支配しています。そして、自ら国家と名乗っていますが、ではそれで国家の要件を満たしているのかといえば、そもそも実効支配をしている土地は、イラクとシリアという国際社会で認められた主権国家の領土。この時点で、国家の要件を欠いています。そしてＩＳ政府と呼ばれるものを国家と認め、外交関係を結ぶという意思がある主権国家もほとんどありません。当然のことながら、イラクとシリアと外交関係がある国は、ＩＳを認めるはずがありません。

何より、国連憲章の武力行使禁止原則に反する方法で国家が成立した場合は、国家承認すべきではない、というルールが国際社会で確立しているといえますので、ＩＳは少なくとも現在は国家と認められません。

国家と認められていないので、国際連合にも加盟していません。例えば国連に加盟している北朝鮮が２０１６年１月に核実験を実施したあと、国連安全保障理事会は制裁を強化する決議を採択しました。相手が国家であれば、国際社会は制裁を行使できます。しかしＩＳは国家ではないので、それを行うことができないのです。

土地は買えても、領土は買えない

さて話を戻すと、そもそも国家には領域が必要です。領域は、基本的には陸地（＝

領土）です。この陸地の周辺の一定の海域が領水（＝領海と内水と群島水域）、そして領土と領水の上の空間である領空、つまり陸・海・空の３つから成り立っています。これらはそもそも、主権国家でないと取得できないものです。

それでは、私たちが「土地を持っている」というのは何を指すのでしょうか？　それは、領土の上に設定されている「所有権」を持っているかどうか、つまり日本でいえば民法の問題になってくるのです。日本では、民法上の所有権は私人が取得できて、しかも外国人の土地の所有を禁じていませんから、外国人でも日本の土地を買えます。しかしそれは、日本の領土を買ったということではなく、その土地が日本の土地であることに変わりはありません。領土を取得できるのは、国際法上の主権国家だけなのです。

日本は、北方領土、竹島、尖閣諸島の領土問題を抱えています。

このうち、２０１２年９月に、尖閣諸島の３島（魚釣島、北小島、南小島）が、日本政府によって20億５０００万円で購入されたことをご記憶の方も多いでしょう。それまで尖閣諸島は、埼玉県の男性が所有していました。個人所有の私有地だったわけです。

尖閣諸島をめぐっては、中国との間で領有権の争いがあります。もしこの土地を中国の人が購入したら、中国のものになってしまうのではないか？　そうすれば日本の領土が失われてしまうのではないか？　それならば、いつ売ってしまうかわからない個人の所有にまかせるのではなく、国が持っていたほうが心配ないのではないか？　という声が高まりました。当時の石原慎太郎東京都知事が「東京都で買い上げる」と言いだし、たくさんの人が購入資金の寄付をしましたよね。

結局、東京都ではなく日本政府が土地を買い上げ、所有権が国に移転しました。いわゆる国有地になったわけです。では、埼玉県の男性が所有権を持っていたときは日本の領土ではなかったのか？　といえば、そんなことはありません。国有地は日本国内のあちこちにありますね。

そういえば、あの寄付金ってどこにいったんでしょうね？

真由美の
ひとこと

日本の国の領土である以上、
外国人が買った土地でも
日本の領土のままですわ。

みんなの疑問

憲法で言う「日本国民」って、「日本に住んでいる人」という意味ですか？

（男子　小学校6年生）

日本人と日本国民

日本には、たくさんの外国人がいます。数年間滞在して母国へ帰る人もいれば、何十年にもわたって住み続けている人や、日本で家庭を持つ人も。また、戦争などで母国を追われ、難民としてやってきた人もいます。日本に住む彼らは「日本人」なのでしょうか。日本の法は、彼らにどのように適用されているのでしょうか。

「日本人」はあいまいですが、「日本国民」には法の定めがあります

都合よく使われる「日本人」という呼び名

そうですね、たくさんの外国人がいますね。きみのお友だちでも、いるかもしれませんね。「日本人」って、多くの人がとっても無自覚（あまり何も考えず）に使う言葉なのです。だって、「日本人」って「日本国民」という意味で使っていますか？

両親は日本国籍、大人になるまで日本に住んでいて日本国籍を持っている人が、海外に移住して、外国の国籍を取ったら「日本人」でしょうか？

また、日本以外のところで生まれ育った人は「日本人」にはなれないのですか？

一つずつひも解いてみましょう。

日本国憲法では、第10条で「日本国民たる要件は、法律でこれを定める」、つまり

「日本国民が誰かというのは、別の法律で定めます」と書いてあります。憲法には、どんな人を「日本国民」とするのかは書いていないのです。

では次に、どの法律に「日本国民」の要件が書いてあるのかといえば、「国籍法」という法律です。おそらくほとんどの人がちゃんと読んだことがないものだと思います。国籍法によると、「出生」、「認知」、「帰化」が日本国民になる要件になります。

「出生」は、生まれたときにお父さんかお母さんが日本国民である、生まれる前に亡くなってしまったお父さんが日本国民であった、日本で生まれたけれどお父さんとお母さんがどこにいるのかわからないときや国籍がないとき、ということです。多くの人は、これによって日本国民になります。

「認知」は、20歳未満の子どもが、あとから日本国民であるお父さんやお母さんに「子どもである」ということを認めてもらうことです。少しややこしくて、お父さんやお母さんがその子どもが生まれたときに日本国民であって、認めてもらうときにも日本国民であること、もし死んでしまっている場合は死んだときに日本国民であれば、法務大臣に届け出をしたら認めてもらえることになっています。

「帰化」は、国籍法４条の言葉をそのまま使えば、「日本国民でない者（以下外国人という）」が、日本国籍を取得することをいいます。そう簡単に日本国籍を取得することはできません。20歳以上で、普段から問題を起こさないいい人で、自分や家族にお金がしっかりあることなどが条件として書かれています。

この３つが、日本国籍を取得する＝日本国民になる方法です。ということは、外国人も日本国民になれるということです。スポーツ選手でも日本国民になった人たちがいますね。プロサッカーの選手だったラモス瑠偉さん、日本国民としてラグビーのワールドカップに出たトンプソン・ルークさん、お相撲さんなんかも多いですね。彼らは法律上、日本国民です。

でもきっと、多くの人は「日本人」とは呼ばないでしょう。そうなると、なんとなく「日本人」というのは黄色人種で、髪や目が黒くて……のようなある意味で民族というものに近い感覚で使ってはいないでしょうか？

日本も実は多民族国家

未だに日本が「単一民族」であるかのように言う人がいますが、1997年3月の札幌地裁で出された「二風谷（にぶたに）ダム判決（※）」では「アイヌ民族」が北海道の先住民族であることを裁判で認めています。北海道には、アイヌ以外にもさまざまな少数民族が存在していたという研究があります。民族とは独自の言語や文化様式を持っていることがその定義に入りますから、日本とひとくちに言ってもたくさんの民族が存在しているといえるかもしれません。沖縄は、もともと「琉球国」で、独自の外交もしていましたね。

大昔は大陸と日本列島もつながっていたということですし、他の民族との交わりもあったので、そもそも日本に住む人々の祖先だって「大和民族」と言い切れるのかどうかわかりません。果たして「大和民族」とはどのような特徴を持つ民族なのか、きっちりと説明できるのでしょうか？

国籍法11条には、日本国籍を失う例も書いてあります。自分から志望して外国籍になった人は、日本国籍を失います。ノーベル賞を受賞した南部陽一郎さんや中村修二さんは、アメリカ国籍＝アメリカ人になってからの受賞となります。けれども多くの人が「日本人が受賞した」と喜びましたよね。

あいまいな感じで「日本人」という言葉を用いている例がよくありますが、本当はじっくりと考えてみないといけませんね。

※二風谷ダム判決：アイヌ民族にとって聖地である北海道二風谷地区におけるダム建設についての裁判。結果的にダムの建設は行われることになったが、国の機関として初めてアイヌ民族を先住民族と認めた。その結果、アイヌ文化保護を目的としたアイヌ文化振興法が成立した。

●関連する条文

〈国民たる要件〉

第10条　日本国民たる要件は、法律でこれを定める。

真由美のひとこと

憲法でいう「日本国民」は国籍法上、日本国籍を有する人を指しますねん。

みんなの疑問

集団的自衛権と個別的自衛権はどう違うの？

（10代女子　大学生）

平和安全法制 1

2015 年夏に成立した平和安全法制（安保関連法案）によって、「集団的自衛権の行使」が可能になりました。このときに、集団的自衛権とともに盛んに出てきた言葉が個別的自衛権でした。この二つは、いったいどこがどう違うのでしょうか。

同じ「自衛する権利」でも、その行使範囲が大きく違います

そもそも自衛権って何？

2015年9月、集団的自衛権の行使を容認することを含む、「平和安全法制」（安保関連法案）が成立しました。これは、日本国憲法の平和主義や日本の戦後を考える上でも、非常に重要な論点をたくさん含んでいます。

何が起こっているのかわからない方も多いようですので、一つずつ解きほぐしていきましょう。授業みたいになりますから、しっかりついてきてくださいね。

自衛権というのは、国際法上、一般に「国家が、急迫または現実の不正な侵害に対して自国を防衛するために、やむをえず一定の実力行使を行う権利」のことです。別の言い方をすると、違法な武力攻撃を受けた場合に反撃する権利のことです。

第一次世界大戦後、１９２０年にできた国際連盟は、原則的には戦争に訴えてはならないことを規定しましたが、いろいろな抜け道があり、戦争を有効に規制することはできませんでした。それでも、アメリカの平和活動家などが中心となり、戦争そのものが「違法」であるという運動が広がりました。この運動の影響もあって、１９２８年には不戦条約（戦争の放棄に関する条約）が締結され、日本も入りました。この不戦条約はいまも大きな意味を持っています。きちんと触れておきましょう。

1条は、国際紛争の解決のために戦争に訴えることを否定し、国家の政策の手段として戦争を放棄することが書かれていました。

けれど、紛争の平和的解決義務を明確に規定しているわけでもなく、自衛権が許容される範囲が明確ではなかったこと、また戦争に至らない武力行使（事実上の戦争）は禁止されていないことから、日本は満州事変や日華事変などは「戦争」ではなく、「事変」であると主張してきたのです。

不戦条約は、結局のところ、事実上の戦争も法律上の戦争も防ぐことができませんでした。その反省の上に、第二次世界大戦後の１９４５年10月にできた国際連合憲章では、「戦争」という言葉を一切使わず、事実上の戦争も含む、すべての戦争が原理的に否定されました。戦争そのものが違法なのです。

国連憲章2条4項は、武力行使禁止原則と呼ばれています（P200条文参照）。つまり国際関係における「武力による威嚇又は武力の行使」が禁止されるのです。この例外は二つあり、その一つが、武力攻撃が発生した場合の権利（国連憲章第51条P200条文参照）、すなわち自衛権とされてきました。もう一つは、国連の安全保障理事会（安保理）が侵略者の認定をして、これに対して武力を使った強制措置の発動（国連憲章42条）、軍事的強制措置と呼ばれるものです。

そして何より、自衛権を使えるのは、国連の安全保障理事会（安保理）が必要な措置を取るまでの間だけということになっています。何度もくりかえしますが、例外的な場合にのみ使えるのです。

それでは、そもそも自衛権はどのような重要な例外の場合に行使できるのでしょうか。もう一度、国連憲章51条を見てみましょう。それによると「武力行使された場合」とありますが、この短い一文だけでも非常に難しい問題があります。それは、

①「武力攻撃」とは何か？

②どういう場合に武力攻撃が「発生した」といえるのか？
③「安全保障理事会が国際の平和及び安全の維持に必要な措置をとるまでの間」とは？

ということをキッチリおさえないといけないからです。

①の「武力攻撃」とは、「武力の行使」よりも狭い概念です。武力攻撃の典型的な例は、国家の正規軍が外国領域に侵入して、現実に攻撃をおこなうことです。ですから、正規軍による攻撃に相当するような規模の軍事活動でないといけません。単に、武装勢力に対して外国が武器や弾薬などを供与したというだけでは、「武力の行使」といえるかもしれませんが、「武力攻撃」にはあたりません。

また、国家ではない武装集団が行った攻撃、いわゆる「テロ攻撃」に対して、国家は自衛権を使って武力の行使ができるでしょうか？　これについては、一般的には自衛権行使の根拠になるのは、国家が実質的に関与している「武力攻撃」がある場合に限定されていますから、国家とは無関係の武装集団の「テロ攻撃」を理由として、その集団の根拠地がある国家に対して、武力を行使することは許されていません。

とはいえ、実は国連憲章51条の「武力攻撃」の定義は確立していません。そのため、具体的なケースで「武力攻撃」があったかどうかについては議論がなされます。実際に問題になってきたのは、海外に展開する自国の軍隊に対して攻撃が加えられる場合、外国にいる自国民に対して攻撃が加えられる場合、武装集団による攻撃に第三国が支援を行う場合、などがあります。

②の、どのような場合に武力攻撃が「発生した」といえるのかですが、武力攻撃が現実に生じた場合のみを指すのか、それとも、武力攻撃が明白に差し迫っている場合（先制的自衛）も含むのかが争点になります。

基本的には、先制的自衛は恣意的な判断が入る余地が大きすぎて、それを根拠にする武力行使は許されるものではないといえます。それでも、他国との緊張が高まる中で、その緊張を緩和する方法や、その攻撃を抑止する制度が機能していないのなら、一切の先制的自衛を禁止することは難しい状況です。

③は、国連憲章に基づいて、武力の行使をなるべく各国独自の判断にゆだねずに、安保理を中心とする国際的な管理のもとで行おうとするものです。それでも、「国際の

平和及び安全の維持に必要な措置」とは何なのか、これも非常に難しい問題です。また、大国の思惑で拒否権が使われることもありますので、不明確な点も多いのです。

個別的自衛権と集団的自衛権の違い

Ｐ１９６の図で説明しましょう。まず、個別的自衛権とは、タイマンのケンカみたいなものです。武力攻撃をしてきた国に、自国のみで自衛権を行使することです。

これに対して、集団的自衛権とは、ヤンキーのケンカみたいなものです。ツレ（密接な関係にある国、同盟国）が武力攻撃を受けたときに助けてといわれたら、ツレが強いとか弱いとか関係なく助けにいくことです。他衛権ともいえます。

少し専門的に定義すると、集団的自衛権は「ある国が武力攻撃を受けた場合に、その国と密接な関係にある他の国が、攻撃を受けたその国とともに、あるいはその国のために反撃する権利」ということです。それでも、自衛権の本来的な意味からいえば、「ツレ（国）を守る（他衛）」ということ自体に無理があり、「集団的自衛」という言葉自体にも無理があることは否定できないでしょう。

〔似ているようで、まったく違う！〕

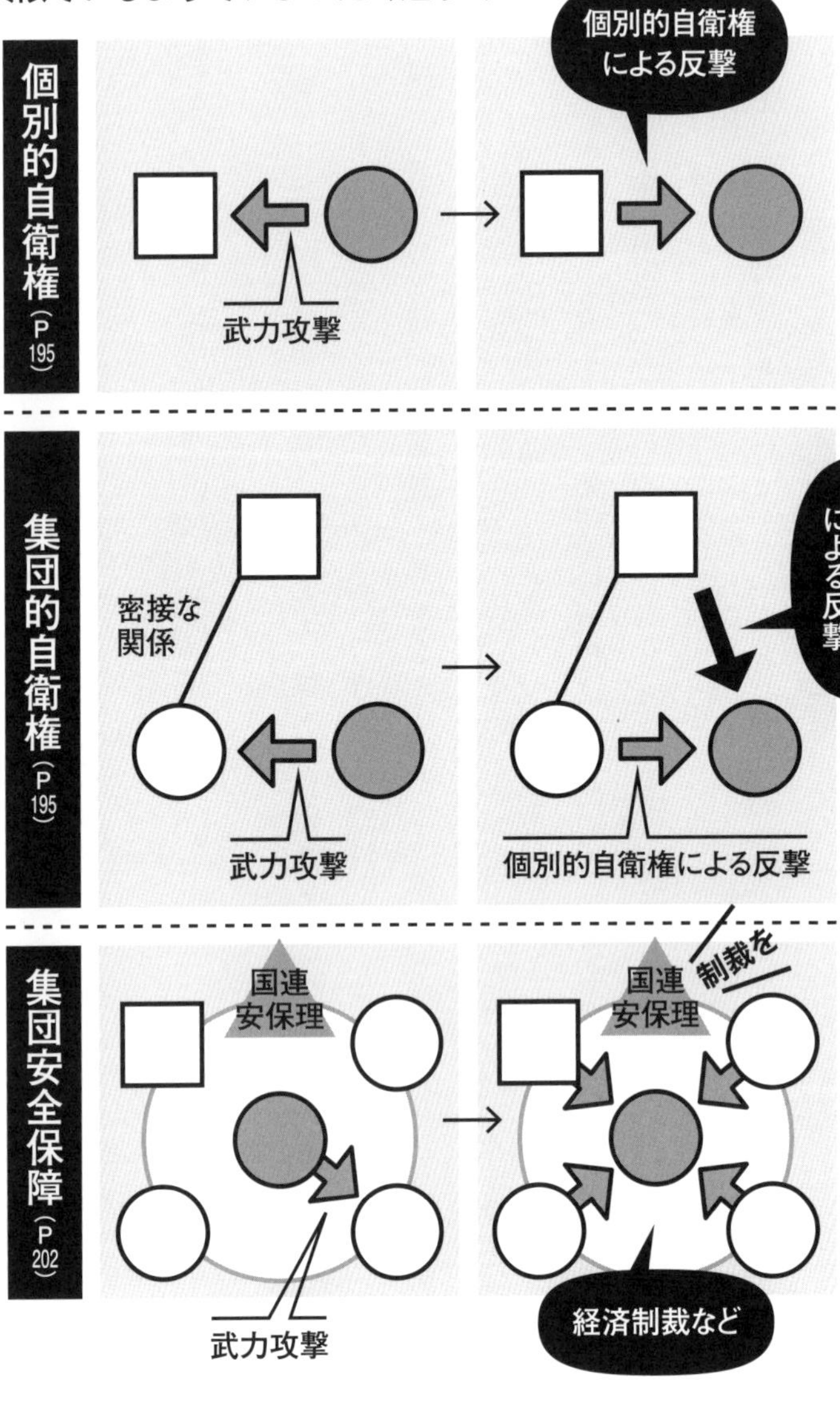

もともと、国連憲章ができたときにはこの51条の規定はありませんでした。最終段階で新しく追加されたのです。

当時は、東西冷戦がすでにはじまっていました。そんな中で、中南米を中心とした中小国から、本当に国連のもとで世界は一つにまとまるのだろうか？　もし冷戦でひどいことになったときには、自分たちがアメリカや旧ソ連などの大国から攻められたらひとたまりもないではないか？　集団になって自衛をする権利があってもいいじゃないか、という意見が出てきたのです。

国語の教科書に出てきた「スイミー」を覚えていますか。小さな魚たちが集団になって、大きな魚に対抗しようとするお話です。中南米の小国は、もし攻撃された場合、国連安保理が動き出すまでの間、小さい国々同士で肩を寄せ合って大国に対抗しようとしたのです。

ところが、１９９０年代の湾岸戦争以降は、もともと大国であるアメリカなどが集団的自衛権を主張しだしたので、集団的自衛権は当初の国連憲章の意図していたものとは違う方向に進みだしたのです。

戦争放棄している日本に「自衛権」はある？

　さて日本は憲法で戦争放棄をうたっています。その日本が他国に攻撃された場合の自衛権はどうなるのでしょうか？

　憲法学者の多くは、「国家の固有権である自衛権自体は放棄されていないが、憲法9条2項で武力を放棄した結果、『武力によらざる自衛権（武力なき自衛権）』のみが残っている」としています。

　国家である以上自衛権は持っているけれども、憲法で武力を放棄しているので、自衛権としては武力以外の、例えば、外交交渉による回避、警察力による排除、民衆の実力行使の抵抗などによる行使などを自衛権として持っているということです。この自衛権は個別的自衛権のみ認められるとされています。

　日本においては、「自衛権」の行使、つまり「個別的自衛権」の行使が正当化されるためには、3つの要素（三要件）が必要とされてきました。それは、

①我が国に対する急迫不正の侵害があること

②これを排除するために他の適当な手段がないこと
③必要最小限度の実力行使にとどまるべきこと

とされてきました。

しかし、２０１４年7月の閣議決定では、「集団的自衛権」の行使を可能にするために、以下のように変更されました。これを、新三要件とよんでいます。

①密接な関係にある他国への武力攻撃が発生し、日本の存立が脅かされ、国民の生命、自由および幸福追求の権利が根底から覆される明白な危険がある（存立危機事態）
②我が国の存立を全うし、国民を守るために他に適当な手段がない
③必要最小限度の実力行使にとどまる

これにより、地理的な制約もなくなり、地球上どこでも日本の自衛隊が「密接な関係のある他国」を助けるために「自衛権」を行使することが可能になりました（Ｐ２０８【平和安全法制３】）。

●関連する条文

〈戦争の放棄と戦力及び交戦権の否認〉

第9条　日本国民は、正義と秩序を基調とする国際平和を誠実に希求し、国権の発動たる戦争と、武力による威嚇又は武力の行使は、国際紛争を解決する手段としては、永久にこれを放棄する。

2　前項の目的を達するため、陸海空軍その他の戦力は、これを保持しない。国の交戦権は、これを認めない。

◆国連憲章第2条4項〈武力行使禁止原則〉

4　すべての加盟国は、その国際関係において、武力による威嚇又は武力の行使を、いかなる国の領土保全又は政治的独立に対するものも、また、国際連合の目的と両立しない他のいかなる方法によるものも慎まなければならない。

◆国連憲章第51条〈自衛権〉（補足説明：国連憲章第2条4項は個別国家による武

力行使の禁止を規定しているが、その唯一の例外として認められる「自衛の固有の権利」）

この憲章のいかなる規定も、国際連合加盟国に対して武力攻撃が発生した場合には、安全保障理事会が国際の平和及び安全の維持に必要な措置をとるまでの間、個別的又は集団的自衛の固有の権利を害するものではない。この自衛権の行使に当って加盟国がとった措置は、直ちに安全保障理事会に報告しなければならない。また、この措置は、安全保障理事会が国際の平和及び安全の維持または回復のために必要と認める行動をいつでもとるこの憲章に基く権能及び責任に対しては、いかなる影響も及ぼすものではない。

真由美のひとこと

言ってみれば、タイマンのケンカとヤンキーのケンカくらい違いますねん。

みんなの疑問

集団安全保障ってどういうことですか？

（10代女子　大学生）

平和安全法制２

集団的自衛権とよく似た感じの言葉「集団安全保障」ですが、こちらには反対意見は聞かれません。集団で、何の安全を保障しているのでしょうか。それは、国際社会でどのような役割を果たしているのでしょうか。

約束違反の武力行使に対して条約などの加盟国が集団的に対処することです

仲間うちで対処するのが、集団安全保障

安保法制を理解するためには、個別的自衛権、集団的自衛権、そして集団（的）安全保障がきちんとわかっていないといけません。

この集団安全保障とは、約束違反の武力行使に対して、条約や国際機関などのすべての加盟国が協力して集団的に対処することです（P196図参照）。この集団安全保障体制が整うまでの間、使ってよいのが個別的自衛権であり、集団的自衛権です。

小学校の教室で起きた事件になぞらえて説明しましょう。

2時間目と3時間目の間の休み時間に、A君とB君がケンカをはじめました。

最初はA君対B君の一対一のケンカ（個別的自衛権）と思っていたら、それぞれの

ツレまで加勢しはじめました（集団的自衛権）。

そのままではおさまらないので、学級会を開こう（国連安全保障理事会）ということになりました。けれども、学級会は放課後にしか開けません。A君とB君、さらにふたりにそれぞれ加勢していた仲間たちは、給食の時もお互いにらみあったままで、時々こぜりあいをしていました。

ようやく放課後におこなわれた学級会で、クラスのみんなが二人を仲直りさせ（集団安全保障体制）、そのあと壊れた椅子などを直しました。

集団安全保障というのは、多数国間条約や国際機構を通じて実現されるもので、

① 条約や機構の参加国は少なくとも一定の場合に武力を用いないことを相互に約束する
② この約束を破って武力を用いた国に対しては残りの参加国が協力して対処する

という二つのことが必要となります。

参加国は「平和は不可分である」という共通の認識を基礎に持っています。そして平和の維持が国際社会の一般的な利益とみなされているからこそ、自国に直接の関係がない場合でも、侵略者に対処することが求められるのです。

同盟条約（例：日米安全保障条約、ＮＡＴＯなど）は、外部に仮想敵国を持ち、同盟国の協力によって対処するという「対外的指向性」、つまり、外に敵がいるという前提があります。

これに対して、集団安全保障は、「敵」は内部にいるという考え方です。つまり、どの国であっても約束に違反して武力を行使する国があれば、すべての加盟国が犠牲国を助けて約束違反を止めさせるために協力するという「対内的指向性」、簡単に言えば、「仲間うちで対処する」というところが特徴です。

武力を持たない日本は世界の学級会に参加できるか？

【平和安全法制１】（Ｐ１９８）でも解説しましたが、法学者のなかでは、日本には『武力によらざる自衛権（武力無き自衛権）』のみ保有しているという考え方が主流です。

この解釈は、近年「国際貢献」論者から批判されています。「国際平和のために武力で貢献すべき」「国際社会で責任を果たす」というような声です。そのために憲法第9条がさまたげになっているとして、改憲論もおこってきています。

「日本は国連に加盟した以上、軍事的強制措置に参加する義務があるから、これを可能とするように憲法を改正し、あるいはその解釈を改めるべきだ」という主張です。

しかし、日本は、1956年に国連に加盟するとき、「日本政府はここに国際連合憲章に規定する義務を受諾し、利用可能なすべての手段によってこれらを尊重することを約束する」という「宣言」をしています。この宣言が、「利用可能」でない手段、つまり「軍事力による国連協力はできませんよ」という、日本政府の意図を示していたことは明らかなのです。

それでも日本は、現行憲法のもとで可能な範囲で、集団安全保障に協力してきました。例えば、カンボジアの和平プロセスへの積極的な参加や、外為法の特別規定や経済制裁の実施などです。ちゃんと学級会で存在感を示しているのです。

真由美のひとこと

簡単に言えば、
クラスの乱暴な友だちを
学級会で何とかせなあかん、
という方法です。

みんなの疑問

大きな議論になった安保関連法案。どこが問題なの？

（10代女子　大学生）

平和安全法制 3

2015年夏の平和安全法制（安保関連法案）をめぐる議論では、かつてないほどに憲法の存在がクローズアップされました。普段あまり政治的な発言をしなかった法学者や国際政治学者たちが、次々にマイクの前に立ち、意見を述べました。彼らは、何を問題視し、危惧していたのでしょうか。

憲法によって立つ国のありかたそのものが、大きく揺らいでいます

「集団的自衛権は行使できない」が歴代内閣の公式見解

2014年7月に、集団的自衛権の行使の容認を含む、「国の存立をまっとうし、国民を守るための切れ目のない安全保障法制の整備について」という閣議決定がなされました。閣議決定は、内閣としての意思表示であり、国会を拘束するものではありませんし、最高裁判所の憲法判断が確定するまで（憲法81条）、憲法に関する解釈は、国権の最高機関たる国会（同41条）が行うことになっています。

それまでの歴代内閣も、そして内閣法制局も、戦後一貫して「集団的自衛権は行使できない」としてきました。内閣法制局というのは、法制面から内閣を直接補佐する機関と位置づけられ、内閣や総理大臣、各省の大臣へ法律に関する意見を述べたり、法律案などの審査を行っている組織で、「法の番人」と呼ばれています。

しかし前述の閣議決定により、「必要最小限度」の「自衛の措置」という「基本的な論理」のもとで、それまでの「個別的自衛権は合憲で集団的自衛権は違憲」という見解から、「集団的自衛権も合憲」と変更されたのです。

解釈によって、事実上憲法を変えたわけです。これを「解釈改憲」と呼んでいます。本来は、日本国憲法の根本原理である「平和主義」についての変更です。戦後の日本の平和に対する考え方が根本的に変更されたものでもあり、憲法96条にもとづく正式な憲法改正手続きを踏むのが筋ですよね。

【憲法改正】（P36）のところでも書きましたが、憲法改正のハードルを下げるために、国会議員の過半数の賛成で改正できるようにしようという動きもありました。つまりその時点の与党であれば改正できるわけです。しかしこれには反対の声が多く、実現に至りませんでした。

立憲主義の危機に声を上げた人々

憲法改正のハードルが高いと思った政府は、解釈改憲を経て、2015年9月に安保関連法を国会通過させました。

この安保関連法ですが、それまでにあった10の法の改正と、１つの新しい法、合計11の法案がセットで議論されてきました。自衛隊法やPKO協力法を一部改正して海外での自衛隊の活動範囲を拡大したり、周辺事態安全確保法を重要影響事態安全確保法に改正したり、さらに自衛隊による他国軍後方支援を可能にする国際平和支援法を新設するというものでした。何しろ「セット販売」なので、それぞれの法に関して個別に十分議論されることがなく、どうも中身が見えにくくわかりにくいものでした。

国会前には「このままでは日本は戦争に向かうのでは」「平和憲法が損なわれてしまう」という危機感を感じた人たちが集まりました。多いときは何万人もの人たちが、連日のようにデモを行いました。その中には、日頃はあまり政治的な動きをすることに対して積極的ではなかった学者も、多数参加していました。「安全保障関連法に反対する学者の会」も結成され、法学者も参加しました。つまり、法の専門家から見ても、この一連の動きは重大な問題であり、憲法の危機だったのです。

権力の暴走を防ぐために、憲法による政治をすることが立憲主義だとさきに述べましたが、まさにこの立憲主義が問われた夏でした。さらに２０１６年に入ってから、内閣法制局長官が「核武装することも日本国憲法は禁じていない」と発言しています。

なんだか物騒な世の中になりつつあるのだと感じます。

いま読んでほしい『あたらしい憲法のはなし』

憲法制定直後の1947年8月2日に、文部省が日本国民の新しい決意を、国内外に普及するテキストとして公表した『あたらしい憲法のはなし』という冊子がありました。これは当時の中学生の教科書にもなりました。

その一節をご紹介します。私の恩師のお一人は、「これを読んだときに涙がポロポロこぼれた」とおっしゃっていました。

「こんどの憲法では、日本の国が、けっして二度と戦争をしないように、二つのことをきめました。その一つは、兵隊も軍艦も飛行機も、およそ戦争をするためのものは、いっさいもたないということです。……しかしみなさんは、けっして心ぼそく思うことはありません。日本は正しいことを、ほかの国よりさきに行ったのです。世の中に、正しいことぐらい強いことはありません」

「もう一つは、よその国と争いごとがおこったとき、けっして戦争によって、相手をまかして、じぶんのいいぶんをとおそうとしないということをきめたのです。……なぜならば、いくさをしかけることは、けっきょく、じぶんの国をほろぼすようなはめになるからです。また、戦争とまでゆかずとも、国の力で、相手をおどすようなことは、いっさいしないことにきめたのです。これを戦争の放棄というのです。そうしてよその国となかよくして、世界中の国が、よい友だちになってくれるようにすれば、日本の国は、さかえてゆけるのです」

戦争放棄を掲げた日本国憲法は、戦後、新生日本の内外に対する固い誓いであるとして、歓迎されたということが、当時のたくさんの記録に残っています。

日本国憲法前文は、「日本国民は、……われらとわれらの子孫のために…政府の行為によって再び戦争の惨禍が起ることのないようにすることを決意し、ここに主権が国民に存することを宣言し、この憲法を確定する。……（中略）日本国民は、国家の名誉にかけ、全力をあげてこの崇高な理想と目的を達成することを誓う」とあります。この「日本国民」や「われら」という主語を、「私」に置き換えて読んでみてくださ い。皆さん一人ひとりが、決意し、宣言し、憲法を確定し、そしてその崇高な理想と目的を達することを誓っているのです。
なぜなら私たちは、主権者だからです。

真由美のひとこと

問われていたのは「立憲主義」でしたわ。

おわりに

ここまで飛ばしながらでも読んでくださった皆さま、少しは「憲法」というものについて身近に感じてくださるようになられたでしょうか？

本書では、日本国憲法１０３条すべての条文を扱うことはできませんでしたが、「あ、こんな条文あったんや！」という条文はいくつかありましたか？

また「はじめに」で書きましたが、「推し条文」候補も出てきたでしょうか？　誰かに話すときに、「日本国憲法の推し条文（一番好きな条文）なあに？」って聞いてみるのも、マニアックかもしれませんが、話のきっかけになるかもしれません。

全国各地で、憲法などのネタで講演をお願いされるようになって、いかに「法」というものが難しく、堅苦しく、複雑で、冷たく、苦手な印象があるものなのかがよくわかりました。

普段は大学で法学関連の科目を教えていますが、少なくとも科目なり、私なりに少しは興味がある学生さんが履修しているので、そこまで苦手意識がある人たちと接することはありませんでした。

また、よく誤解をされますが、「法学」は暗記の科目ではありません。条文なんて覚えなくてもいいのです。どちらかといえば、「あ、あんな条文が確かあったな」と思って、パラパラと六法をめくることができれば御の字です。

「法学」は思考の科目だと言えます。この条文はどういう意味だろう？　何でこんな条文があるんだろう？　この条文はこういう解釈が成り立つんじゃないのか？　これは今の社会に必要な法なのだろうか？　など、常に考えることが求められます。

「社会あるところに法あり」という言葉があるのですが、法は「社会を規整するルール」といえます。ルールと聞くと、スポーツのルールを思い浮かべる人がいるかもしれません。

２０１５年はラグビーのワールドカップで日本が南アフリカ共和国という強豪チームに勝利したことで、日本国内でもラグビーが盛り上がりましたが、ラグビーでもルールが重要です。ルールがないとそもそもゲームが成立しませんし、ルールがどんな選手にでも同じように適用されなければ、公正とはいえません。

また、ラグビーは前にパスを投げてはならないスポーツですが、日常生活ではボールを前に持っていきたければ、前に投げた方が効率がいいに決まっています。けれど、ラグビーのグラウンドに立ってラグビーをしたければ、後ろにパスを投げるというルールを全員が守ろう、という意思がなければ成立しません。また、うっかりのミスであったとしても、前にパスをしないというルールを守るために、見守るレフリーが必要なのです。サッカーでもバスケットボールでも、一定のルールがあるからこそゲームが成り立っていて、安心して見て楽しめるわけです。

そういえば、ラグビーの日本代表の選手たちが記者会見のなかで、「ルールが全部わかっているわけではない」というようなことを言っていましたが、とても正直な発言でしたよね。難しいルールは信頼できる専門家（レフリー）に任せているともいえますし、私たちの日常で考えると、日本にあるすべての法をきっちり把握している人なんておそらく一人もいません。裁判官・検察官・弁護士の三者は司法試験に合格しないとなれませんが、すべての法が司法試験に出るわけでもありません。

それでも、日常生活に必要なルールをある程度理解している人が多いから、社会は成り立っているとも言えます。例えば、信号の色が何をあらわすのかわからない人が多ければ、また、守る意思がない人が多ければ、この社会は事故と渋滞だらけになるでしょう。

こうして、法がなければ社会が成立しませんし、法が公正でなければ揉め事を解決することができません。その意味で、法は社会を規整するルールであって、社会を成り立たせる上で不可欠の存在と言えます。また、社会の変化とともに法も変化するものということもいえます。この「法とは何か」ということだけで、私は大学の一般教養の授業であっても3コマくらい、つまり4時間半くらいの講義が必要なので、ここからの詳細はまたの機会に（笑）。

さて、本書は専門的にいえばかなりはしょっている部分や、わかりやすくするために雑駁に述べている部分がかなりあります。

もし、きちんとした法学や日本国憲法を学びたい方、もっと勉強したいと思われた方は、本書の「はじめに」にも書いていますが、書店の「法律」や「憲法」のコーナーをのぞいていただければ、キッチリとした専門的な書籍がたくさん並んでいますので、そちらで何冊かパラパラ手に取っていただき、自分に合いそうな本から勉強をはじめていただければ望外の喜びです。

なぜなら、私にとって「法学」はとっても面白いモノだからです。そして法的思考

（リーガルマインド）はビジネスシーンにも必ず役に立つのです。本書を読んでくださった皆さまの中から、「法学面白いね！」「憲法面白い！」と言ってくださる方が一人でもいらしたら、とてもうれしいです。

そして、よく知りもしない憲法を、わかったような顔をしてよいとかダメとか判断されることのないようにお願い申し上げます。日本国憲法を改正した方がいい、このままでいいという議論をする前に、どうかまずは、現行憲法の条文をきちんと読み切るところからはじめていただきたいのです。そういう方が一人でも増えれば、この本を書いた意味もあるというものです。

最後になりましたが、お礼を申し上げさせてください。まず、二匹目のドジョウはいないかもしれないのに、憲法本をビジネス書として出すという大変な決断をしてくださった集英社さんと、気持ちよく励ましながら伴走してくださった藤井真也さんに。そして、この本の生みの親であり、生みの苦しみを共有してくださったサプライズエンタプライズの井原美紀さん、只木良枝さんのお二人には、心よりの感謝を。三桂の溝部真以子さん、龍田耕一さん、そして小野寺美穂さんのお三方になだめすかしてもらったおかげで、ここまで何とかたどり着きました。

目を引く素敵なブックデザインをしてくださった、ロータス・イメージ・ラボラトリーの宮崎謙司さん、井上安彦さん、長谷川弘仁さん。細かい点までしっかりとした校正をしてくださった、聚珍社の和田成太郎さん、この本が世に出るための手助けをありがとうございます。

いつの間にかちょっと世間で知られるようになった私に、いつも変わらず接してくれる友人たち、全日本おばちゃん党の仲間、なんだかんだ言いながらずっと支えてくれる両親、インドにいて、さすがに私の活躍は知らないだろうけれど応援はしてくれているだろうオットと、自宅でやまんばのような姿で原稿を書いている私に「おかーちゃん、頑張りや」と肩もみに来るついでにボケをかましてくれる子どもたち。

そして、この本を手に取り、お金まで出して購入してくださったすべての皆さまに、心よりの感謝を申し上げます。ほなまた！

２０１６年　ちっとも痩せない初夏に

谷口真由美

企画・プロデュース　井原美紀（サプライズエンタプライズ）
構成・編集協力　只木良枝

アートディレクション　宮崎謙司（lil.inc/ロータス・イメージ・ラボラトリー）
デザイン　井上安彦　長谷川弘仁（lil.inc/ロータス・イメージ・ラボラトリー）

参考文献　「法学六法」（信山社）

谷口 真由美　たにぐち　まゆみ

法学者　大阪大学非常勤講師（日本国憲法）
全日本おばちゃん党　代表代行
公益社団法人日本ラグビーフットボール協会理事

1975年生まれ。大阪府大阪市出身。
国際人権法、ジェンダー法などが専門分野。
非常勤講師を務める大阪大学での「日本国憲法」講義が人気で、
一般教養科目1000科目の中から学生の投票で選ばれる
“ベストティーチャー賞”こと「共通教育賞」を4度受賞。
「おはよう朝日です」「キャスト」（ABCテレビ）、
「サンデーモーニング」（TBSテレビ系）、「伊藤史隆のラジオノオト」（ABCラジオ）、
「小林徹夫のアサデス。ラジオ」（KBCラジオ）レギュラーをはじめ、
新聞、テレビ、ラジオなどで憲法、政治、人権などについて語るコメンテーターとして活躍。
著書に『日本国憲法　大阪おばちゃん語訳』（文春文庫）、
『ハッキリ言わせていただきます!　黙って見過ごすわけにはいかない日本の問題』
（共著：前川喜平　集英社）などがある。
2012年にはFacebook上のグループ
「全日本おばちゃん党」を立ち上げ、代表代行を務めている。

憲法《けんぽう》って、どこにあるの？

みんなの疑問《ぎもん》から学《まな》ぶ日本国憲法《にほんこくけんぽう》

2016年6月29日　第1刷発行
2019年11月25日　第3刷発行

著　　者　谷口《たにぐち》 真由美《まゆみ》
発 行 者　茨木政彦
発 行 所　株式会社 集英社
〒101-8050 東京都千代田区一ツ橋2-5-10
編集部 03-3230-6068
読者係 03-3230-6080
販売部 03-3230-6393（書店専用）

印 刷 所　大日本印刷株式会社
製 本 所　株式会社ブックアート

定価はカバーに表示してあります。

本書の一部あるいは全部を無断で複写・複製することは、法律で認められた場合を除き、著作権の侵害となります。

また、業者など、読者本人以外による本書のデジタル化は、いかなる場合でも一切認められませんのでご注意下さい。


造本には十分注意しておりますが、乱丁・落丁（本のページ順序の間違いや抜け落ち）の場合はお取り替え致します。

購入された書店名を明記して小社読者係宛にお送り下さい。送料は小社負担でお取り替え致します。

但し、古書店で購入したものについてはお取り替え出来ません。

集英社ビジネス書公式ウェブサイト
http://business.shueisha.co.jp/
集英社ビジネス書 Facebook ページ
https://www.facebook.com/s.bizbooks
集英社ビジネス書公式 Twitter
http://twitter.com/s_bizbooks（@s_bizbooks）

Ⓒ MAYUMI TANIGUCHI 2016　Printed in Japan
ISBN 978-4-08-786065-8　C0032